なぜ、あなたの話は響かないのか

スピーチライター
蔭山洋介

Discover
ディスカヴァー

なぜ、あなたの話は響かないのか

信頼と価値の時代のコミュ力2・0

はじめに

現代は、圧倒的にコミュニケーションが困難な時代です。かつて、コミュニケーションがこれほど求められたことはありませんでした。仕事でもプライベートでも〝コミュ力高め〟であることが、成功するための条件であると言っても過言ではありません。

逆に、〝コミュ力低め〟の人にとっては、苦難の時代です。仕事がうまくいかない、理想のパートナーが見つけられない、友達付き合いでも苦労するなど、多くの問題に直面する可能性が極めて高くなっています。

コミュ力はいつの間にか、あなたの人生を左右する重要なスキルとなったのです。

コミュ力がまるでかつての学歴のように、人生で成功できるかどうかの大きな指針になっています。現代を生きる私たちにとって、もはやコミュ力は、読み書きソロバンに並ぶ基礎教養なのです。

しかし、「よし、わかった。コミュ力を鍛えて人生勝ち組になろう」、そう思ったとき、あなたの前に大きな問題が立ちはだかります。そう、**「コミュ力ってどうやって鍛えたらいいんだ？」問題**です。

勉強だったら教科書を開いて読めばいいし、筋肉だったらウェイトトレーニングをすれば鍛えられます。しかし、コミュニケーションを鍛えるためには、何をしたらいいのでしょうか？　よく考えてみると、これがなかなかはっきりしません。

コミュニケーション術の本を開いてみると、呼吸法や発声法、ミラーリング（相手が腕を組んでいるときに自分も腕を組むというように相手の真似をすることで、共感を引き出そうとするコミュニケーションスキル）などが紹介されています。

たしかに、こういうスキルを身につけるのは悪いことではないでしょう。でも、それだけで、本当にコミュ力が高くなるのかというと、必ずしもそうとは言えないと私は考えています。

コミュニケーションの達人に、たとえばビートたけしさんがいます。みなさんよくご存知の通り、彼の話し方は滑舌が悪く、時に聞き取りにくいほどです。過去の事故の影響もあって、表情もそれほど豊かではありません。かといって、ミラーリングのような技術を実践しているようにも見えません。相手に合わせるというより、どちらかといえばマイペースです。それなのに、人を惹きつけてやまないコミュニケーションを実現しているわけです。

恐らくというか、間違いなく、一般的なコミュニケーションの教科書に書いてあることをすべて習得したとしても、ビートたけしさんのようなコミュニケーションを実現することはできないだろうと思います。

また、コミュニケーションのポイントは、要は「自信を持って話すこと」であるともよくいわれます。たしかに話下手な人は自信がなさそうに見えるので、自信はコミュニケーションと関係がありそうです。ビートたけしさんも、自信がなさそうには到底見えません。

だから、「自信がなくてもあるように振る舞えばいいんだ」と思いたくなるのもわからなくはありません。

しかし、この方法でコミュ力が改善するのであれば、ものすごく楽でしょうが、そんなことはまずありません。なぜなら、コミュニケーションで悩んでいるほとんどすべての人は、既にこの方法に挑戦していて、うまくいかないことを自分自身で立証しているはずだからです。

自信を持っているように話そうとしても思うようにできないし、たとえ表面的にそう振る舞ったとしても、むしろ、周りから「イタい」と言われてしまう……。そのようなことは、往々にして起こります。

そもそも現代社会において自信を持つことは、ほとんどすべての人にとって、コミュニケーションと同じく大きな課題になっているのではないでしょうか。というより、実は**構造的に大半の人が自信が持てない社会になっているからこそ、コミュニケーションが問題になっている**のです。

そうしたなかで、私たちがいかに自信を獲得し、自分らしい価値のあるコミュニケーションを可能にするか——それが本書の大きなテーマとなります。

筆者は、日本ではまだ珍しいスピーチライターという仕事をしています。クライアントは日本を代表する企業経営者や政治家を含むリーダーばかりです。

彼・彼女らは当然、仕事には絶対の自信を持っています。すごい人たちですから、仕事だけでなくコミュニケーション力も優れているに違いない、そう思われるでしょう。しかし、筆者から見た彼・彼女らは、一般の人に比べてコミュニケーション力が特別高いとは思えません。本当にごく普通のレベルです。

違いがあるとしたら、彼・彼女らは、普通の人たちのようにそのまま人前に出るわけではないという点です。こっそりトレーニングしたり専門家のアドバイスを受けたりしています。

バラク・オバマのような政治家、カルロス・ゴーンのような世界を代表する経営者の後ろには、一流の話し方のトレーナーやスピーチライターがいるのです。

つまり、オバマやゴーンの自信に満ち溢れたあの話し方は、生まれながらの才能ではなく、トレーニングによってつくられたものなのです。
どれだけ自信を持っていたとしても、それを表現するには、技術とそれを身につけるための訓練が必要となります。

ですから、あなたが、彼・彼女らと同じように話せなくてもがっかりする必要はありません。専門家のトレーニングなしに自力であのような話し方を身につけるのはとても難しいことだからです。

しかし逆に言えば、**コミュニケーションはトレーニングできる**ということです。
そして、リーダーのために開発されたメソッドは、政治家や経営者のように大勢の人の前で話すような機会のない人にとっても十分に役立つ内容です。例えば、会議で緊張したり、異性の前で固まってしまったりすることなく、堂々とコミュニケーションできるようになるための話し方としても通用します。

本書を執筆しようと思い立ったのは、私の周りにいる若くて有能な人たちが、コミュニケーションの問題を克服できずに苦労している姿を見て、「そんなに苦労しなくてもいいのになあ」と思ったことがきっかけです。

論理的に話せて人当たりもよいのに、なぜかコミュニケーションがうまくいかず、仕事もプライベートも損をし続けている人たちがかなりの数いるように思えたからです。

そんな周りの彼・彼女らの参考になればという思いから本書をまとめることにしました。

「第1章　コミュ力格差社会の到来」では、コミュ力の有無によって、人生がどれほど影響を受けるのかということについて書いています。

「第2章 なぜ、これまでのコミュニケーション術は通用しないのか?」では、社会構造に大きな変化がもたらされ新たなコミュニケーションのあり方が求められていることを議論しています。

「第3章　絶対に失敗しない『コミュトレ2・0』」では、コミュニケーションにおける自信と信頼に焦点を当てています。

「第4章　相手の心を動かす『話し方2・0』」では、いわゆるリアルタイムなコミュニケーションの具体的な訓練法についてお話しします。

ではさっそく、これからの時代のコミュニケーションについて議論を始めていきましょう。

なぜ、あなたの話は響かないのか
信頼と価値の時代のコミュ力2・0

1章 コミュ力格差社会の到来

2章　なぜ、これまでのコミュニケーション術は通用しないのか？

3章　絶対に失敗しない「コミュトレ2・0」

4章 相手の心を動かす「話し方2・0」

1章

コミュ力格差社会の到来

現代は
コミュ力の有無が
格差を生む社会

現代はコミュ力格差社会です。コミュ力があるかないかで、人生がまったく違ったものになります。

〝コミュ力〟高めであることによって、仕事での成功はもちろん、充実したプライベートも過ごすことができます。コミュ力はいわばリア充として生活するためのパスポートのようなものです。

周りで実力もないのに「口だけ」のコミュ力人間が幅を利かせているというのはよく見る光景でしょう。コツコツ頑張っている私が評価されずに、調子がいいだけのやつが評価され、しかもモテている。「なんて理不尽なんだろう」、そう思いませんか？

そう、コミュ力ひとつでこんなに格差が生まれるこの状況は、理不尽そのものです。まずは、この理不尽なコミュ力格差社会について考えていきましょう。

コミュ力とは、ひとことで言うなら、

知らない人とすぐに仲良くなって、場の空気を読んで周りと協調したうえで、成果を上げられるように発言し場をリードする力

のことです。つまり、

「つながる力」「空気を読む力」「意見する力」、

この3つの集合であるということができるでしょう。

例えば、全員初対面の会議で周りに配慮しながら自分の意見を主張し、議論をリードしていくことであったり、飲み会の席で場をしらけさせることなく、盛り上がる発言をしたりする力がコミュ力です。

「つながる」ことだけが得意な人は、愛想よく人間関係を構築することに長けますが、長く続けること、高いパフォーマンスを発揮するのは苦手です。

「空気を読む」ことだけが得意な人は、人当たりはよいけれど、周りを巻き込んで仕事を進めることは苦手で、結果的に成果を出すことができません。

一方で「意見する」ことだけが得意な人は、はじめのうちは仕事をリードしてスピーディに行動に移すことができても、周りの人といさかいを起こしがちで、結果的にパフォーマンスが低くなってしまいます。

「つながる」こと、「空気を読む」こと、「意見する」こと、これらを同時に達成することが求められています。このような困難なコミュニケーションを可能にする力を、「コミュ力」と本書では呼んでいきたいと思います。

このコミュ力が急速に求められるようになってきました。それは、社会の流動性が高まったことに大きな原因があります。

引っ越しも転職も当たり前ではなかった、すなわち流動性の低い時代に求められていたコミュニケーション力は、単に「空気を読む」ことだけでした。会社が自然と右肩上がりに成長していけば、先輩や同僚に「意見する」必要はありません。また、流動性が低いのは、そこにとどまることがベストな選択だとみんなで信じられたからで、わざわざ外部の人と「つながる」ことをしなくても問題がなかったのです。

しかし、91年のバブル崩壊以降、組織の存続が危ぶまれ、新しいことにチャレンジし続けなければならない時代になりました。空気を読んでいるだけでは、船が沈没してしまいかねません。そこで「空気を読む」ことに加えて、「つながる」こと、「意見する」ことが求められるようになりました。

「空気を読む」と「意見する」を両立させることは、圧倒的に難しいコミュニケーションです。「意見する」ためには空気を読み過ぎてはいけないからです。

また、会社全体での成長が約束されなくなると、他社への転職が増えるとともに、転職に伴う転居も当たり前になります。転職に伴う転居は、ライフスタイルの根本的な変化を意味します。そこでも、新しい環境に適応し、高いパフォーマンスを発揮するための「つながる」力が求められるようになったのです。

こうしてコミュ力が高い人間は、流動性が高くなればなるほど、その活躍の場を広げることになります。そして、今後進展するであろうグローバル化とインターネットのより深いレベルでの発展が、必ず流動性を高める方向に社会を変貌させていきます。今日でさえ、コミュ力の有無が格差の決定的な要因になっているのに、今後ますますこの格差は広がっていくことになるのです。

「デキる」人になるには、コミュ力が必須

コミュ力が高いことは、今日のパフォーマンスにおいて決定的です。

そこで、仕事のパフォーマンスが高いこと、すなわち仕事が「デキる」とはどういうことかを考えてみます。

仕事がデキるようになるためには、専門領域についてのトレーニングが必要です。プログラマーであれば、プログラムを自由に書けるのは必須条件。プログラマーなのにソースコードが読めないということでは、デキるとは言えないでしょう。ですから「デキる」ためには、とにもかくにもまずは徹底的に専門分野について訓練する必要があります。このように専門分野についてスキルが高いことを「スペシャリティが高い」といいます。

スペシャリティが高いと、それだけでデキると呼ばれる可能性があります。特

にエンジニアリングやデザイン、アートの世界では、偏屈でコミュ力に問題がある人でも、圧倒的なスキルによって社会的に評価されることは多々ありました。

ところが、**最近はスペシャリティが高いだけでは、周囲からデキるとみなされない傾向**にあります。あなたの周りに、得意な専門領域があるにもかかわらず、周囲から評価されない人物の一人や二人はいるのではないかでしょうか。

スペシャリティが高いことは確かに大切なことですが、スペシャリティが高いだけでは十分ではないのが現実です。

では何が必要かというと、そこでコミュ力が出てきます。コミュ力とは、「空気を読む力」、「意見する力」「つながる力」の集合であると先ほど述べましたが、もう少し包括的に言うと、スペシャリティ以外のすべての力を指す言葉「人間力」と中身がよく似ています。

人間力という単語が指し示すのは、目的達成のための「なんとかする力」です。

例えば、あなたにこんな仕事が入ったとします。「一週間以内に、ドイツの安全保障政策に最も影響力のある人物を探して、アポイントを取りつけてほしい」

という内容です。

　このとき求められる力は、英語力や情報網などのスペシャリティと、もう一つはコミュ力としか言いようがない、他者と関係する力です。これまでのコネクションに電話をして話を聞いたり、ドイツ大使館に飛び込んで関係性をつくりながら情報を聞き出して、関係者を紹介してもらうなどしてなんとかするわけですが、この「なんとかする力」を私たちは「コミュ力」といったり「人間力」といったりしているわけです。

「コミュ力」と「人間力」の意味はともに「なんとかする力」ですが、少し違うところもあります。「あの人はコミュ力が高い」と「あの人は人間力が高い」では、前者のほうが口先だけで、後者のほうが人格的に立派な印象があります。「コミュ力」に人格・道徳的に優れているという要素を足すと「人間力」となるわけです。

　ということで、能力には基本的にスペシャリティとコミュ力（もしくは人間力）しかないわけですから、高いパフォーマンスを発揮してデキるようになるためにはコミュ力が欠かせません。

「デキる」の構造

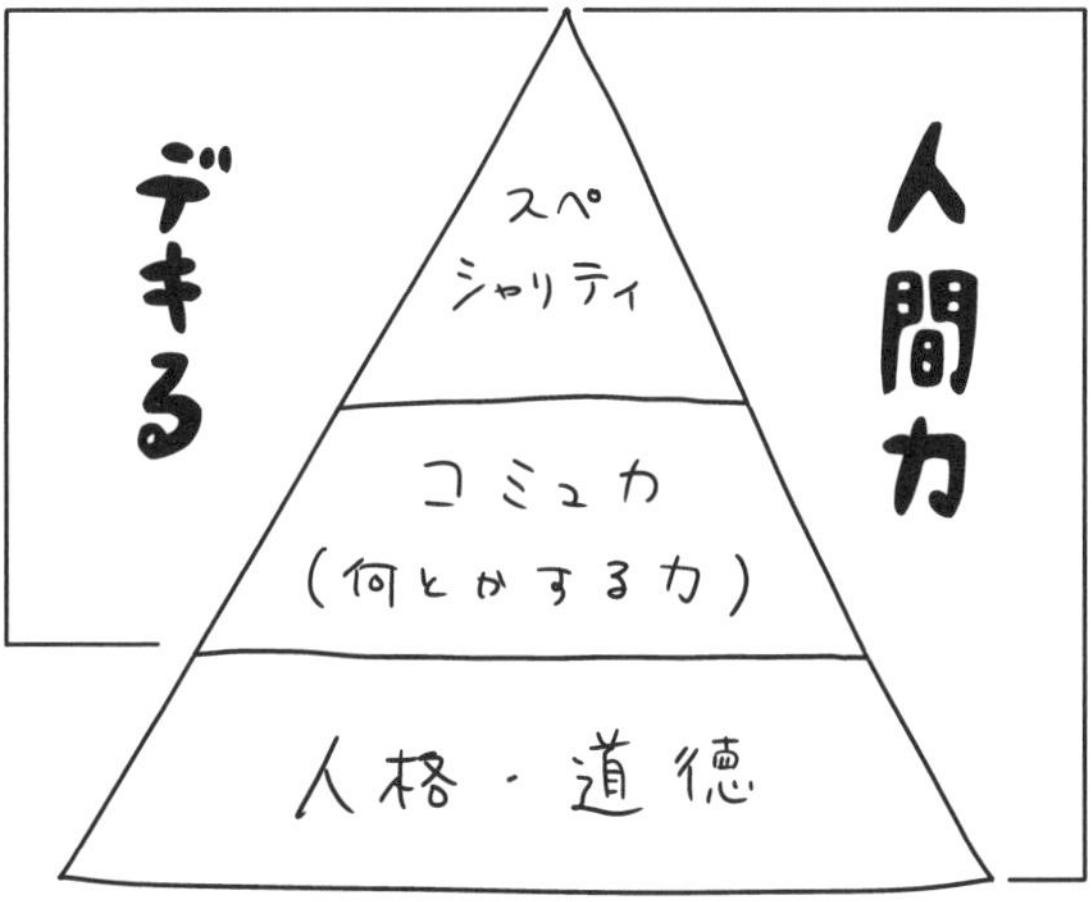

圧倒的なスペシャリティを身につければ、コミュ力がなくてもなんとかできはします。例えば、誰が最もドイツの安全保障政策に影響力があるかを、プログラムを書いて、ネット上の情報を統計的に処理して調査し、その特定した相手にメールを書くことができるからです。

しかし、多くの場合、コミュ力があれば、そのようなスペシャリティを使った方法も外注できるので、やはりコミュ力が優位になります。コツコツやる「スペシャリティが高いやつ」より「口だけのやつ」のほうが評価されがちなのはこのためです。

コミュ力が求められない仕事は、将来消えてしまう

コミュ力は、ＡＩやロボットとの競争においても重要です。

オックスフォード大学でコンピュータサイエンスを研究しているマイケル・オ

ズボーン准教授が2013年に発表した論文の中で、これから10〜20年の間に無くなる可能性が高い仕事について、次のように言及しています。

「単純作業やサービス業はかなりなくなるが、高いクリエイティビティとソーシャルスキルが求められる仕事はなくならない」

ここで言うソーシャルスキルとは、いわばコミュ力のことです。以下の「今後10年〜20年で無くなる・無くならないと予想される仕事ランキング」からも、このことは明らかです。

【無くなる仕事】

1位：電話営業、2位：不動産の権利審査官、3位：針子、4位：機械工、5位：保険業者

【無くならない仕事】

1位：レクリエーションセラピスト、2位：第一線のエンジニア、3位：危機管理監督官、4位：メンタルヘルスと薬物乱用者のソーシャルワーカー、5位：聴覚訓練士（言語聴覚士）

（引用；THE FUTURE OF EMPLOYMENT：HOW SUSCEPTIBLE ARE JOBS TO COMPUTERISATION Carl Benedikt Frey and Michael A. Osborne September 17, 2013）

1位から5位を見てみると、電話営業、不動産権利審査官、保険業者というＡＩが得意とするパターンにはめてマッチングを行う仕事、それに、針子、機械工など、単純な作業を行う仕事です。

東ロボくんというＡＩが、難関大学に分類されるＭＡＲＣＨレベルの受験で合格したのが、２０１７年です。もはや受験問題を解くことは、平均的な日本人よりもＡＩのほうが得意になってきました。また、ＡＩの画像認識技術の向上によって、機械の組み立てや、縫製などの作業については、一部の特殊な技術が必要な部分以外は、かなりの部分が自動化されると言われています。

一方で、なくならない仕事を見てみると、セラピストやソーシャルワーカー、聴覚訓練士（言語聴覚士）といった、人に寄り添う高いコミュ力が求められる仕事です。介護や看護の現場を想像するとわかりやすいと思うのですが、ベッドから車椅子への移動の安全管理など、人間よりも力のある機械やロボットがやったほうが効率的なものは、人間が行わなくなっていきます。その代わりに相手の心を推し量って、励ましたり寄り添ったりする、心のケアの部分は人間がそのまま引き継ぎます。

最近では、会話ができるロボットなども発売され、声掛けが人間でなくてもできるようになってきています。しかし、励ましや寄り添いといった**人間の心を深いレベルで認識して声をかける必要のあるコミュニケーションは、まだまだ人間の専売特許**です。

また、第一線のエンジニア、危機管理監督官という仕事は、パターン化されることがほとんどない仕事で、かつ広範なコミュニケーションが求められる仕事なので、これらもＡＩによって仕事が奪われることはないでしょう。

こうしてみると、コミュニケーションを仕事の中心に据えるかどうかが、今後仕事が淘汰されないことの前提になってくることがわかります。このようなテクノロジーの面からも、コミュ力格差が今後ますます広がる可能性が示唆されます。

恋愛でも
コミュ力格差が
広がっている

仕事面だけでなく、恋愛面においてもコミュ力の重要性は計り知れません。
男性の場合と女性の場合とを分けて、恋愛におけるコミュ力の重要性について考えたいと思います。

男性の場合、ストリートナンパのような刹那的な出会いで試されるのは、コミュ力の「つながる力」だけといっても過言ではありません。つまり、中身が一切なくても、つながる力さえあれば、少なくとも恋愛の入り口に立つことはできるわけです。加えて、空気が読めて、意見もできたら、恋愛がうまくいかないはずがありません。

また、高い「コミュ力」は、高い「なんとかする力」でもあります。つまり、高い仕事のパフォーマンスと結びつきますから、年収との相関も得やすいはずです。ですから、男性の場合は高いコミュ力の獲得を目指すことで、仕事もプライベートも充実したものにできます。ということは、裏を返せば、**男性は、コミュ力が低いと仕事もプライベートもなかなか充実したものにならない**ということです。〝男性はコミュ力命〟と覚えておいてください。

一方女性の場合は、少し異なります。早稲田大学の恋愛学で有名な森川友義教授は結婚市場で女性にも求められる資質について、「誤解を恐れずに大雑把に言えば、〝メシ〟〝セックス〟〝子ども〟」であると述べています（【スペシャル対談vol.2】「恋愛学の教授が教える〝結婚したい女性〟になるヒントとは？」マイナビウーマン2016年2月23日）。男性は、女性に対して料理が上手で、外見が魅力的で興奮度の高いセックスができて、子育てができる相手を望むということです。

これらのスペックは、仕事がデキるようになるための能力とはあまり関係がありません。ですから女性は、相対的に男性よりも、仕事がデキるようになることとは別に性的魅力を向上させる努力が求められます。男性以上にメイクやファッションにこだわったり、ダイエットが永遠のテーマであったりするのはそのためです。

しかし、女性が高い性的魅力を持っていたとしても、それを使いこなせるかどうかはコミュ力次第です。

『20代女性がセックスしていない』（杉浦由美子、角川ｏｎｅテーマ21）では、普通の20代の女性たちがパートナーを見つけることができない事例を多数報告しています。スペックでいえば申し分のない女性で、かつ普通に会話は楽しくできるのに、パートナーを見つけることができないのです。

国立社会保障・人口問題研究所が２０１５年に実施した『第15回出生動向基本調査（結婚と出産に関する全国調査）』がそれを裏付けます。異性の交際相手がいない人の割合は男性で69・8％、女性は59・1％といずれも過去最高を更新しています。

このような状況ですから、**女性もまた、戦略的に恋愛に誘う力がなければパートナーを獲得することは難しい**のです。この戦略的に恋愛に誘う力というのは、まさにスペック以外の力に依拠するわけですから、それはコミュ力と呼んでかまわないでしょう。女性にとっても、コミュ力が極めて重要になっています。

恋愛市場においても、男女共にコミュ力があるかないかが大きな問題になっているのです。

これからの時代に求められる価値と信頼の「コミュ力2・0」

このように、仕事においても恋愛においてもコミュ力が大きな格差を生む時代です。ですから、私たちは好むと好まざるとに関わらず、コミュ力をトレーニングするしかありません。

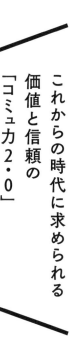

しかし、コミュ力をトレーニングしようとしたとき、大きな壁が立ちはだかります。

コミュ力はなんとかする力です。なんとかする力を鍛えるためには、「何をなんとかしたいのか」という目的が必要になります。その目的の強度が、そのままコミュ力の源泉になるからです。仕事や恋愛を成功させたいという強い思いが、不器用でもバタバタといろいろな問題をなんとかしていく力になります。目的に対する強い思いなしに、コミュ力をトレーニングすることはできません。
では、私たちは何に対して強い思いを持つことができるのでしょうか？

バブル崩壊までは「いい学校、いい会社、いい人生」というロールモデルが一応機能していました。それまで、このロールモデルに従って「空気を読む」力を身につけてきたのです。

しかし、社会のルールが90年代のバブル崩壊以後、徐々に変わってきました。終身雇用が過去のものとなり、いい学校に入っても、いい人生が保証されなくなりました。ここで求められたのが先に挙げた「コミュ力」です。新しい人と「つながり」つつ「空気を読む」ことと「意見する」ことの両立を追求してきました。このスキルを便宜上、「コミュ力1・0」とします。

さらに2010年代以降の現代においては、社会の流動性はどんどん上がり、インターネットの発展がその傾向に拍車をかけました。今では「空気を読む」ことは相対的に重要ではなくなっています。

例えば、空気を読むことを一切無視した反社会的な発言を繰り返すYouTuber

が人気を集めるようになりました。

人気YouTuberの一人であるヒカルは、2017年にテキ屋のくじを15万円分買っても当たりが出なかった動画をアップし大きな話題となりました。社会の枠組みに組み込まれている小さな悪を晒し上げるという、空気を読まない行為によって、大きな成果を上げたのです。

つまり、これからの時代のコミュ力は、少なくともこれまでのコミュ力とは違って、空気を読むことは必須の能力ではなくなってしまいました。さらに、詳しくは2章で説明しますが、現代は「意見する」ための自分の意見をそもそも持てず、価値観の多様化により人と「つながる」こともますます困難な社会となりました。流動性が高まりきって、地面がもう液状化してまったく踏んばりがきかない状況です。

かつてないほどに流動性が高まった社会におけるこれから必要とされるコミュ力を、本書では「コミュ力2・0」と呼びたいと思います。

あらかじめ断っておきますが、コミュ力2・0は単に空気を読まないコミュニケーションを推奨する言葉ではありません。それほど流動性の高まった社会において、どのようなコミュニケーションが可能になるかを考えるための言葉です。

あえて、誤解を恐れずにいえば、**コミュ力2・0とは、価値と信頼のコミュニケーション**です。どんなに話が上手で、どんなに内容がすばらしくても「こいつの言っていることは信じられない」と思われれば、一切のコミュニケーションが成立しません。逆に「こいつだったら期待に応えてくれる」という信頼があれば、少々つたない話し方でも「言っていることはよくわからないけど、まあ頑張れ」と、いろんな人から応援されることになります。

本書におけるコミュニケーション力についての言葉を整理しておくと、人と関わっていくための力全般のことを、「コミュニケーション力」、「空気」を読みながら「意見する」コミュニケーションを「コミュ力1・0」（もしくはたんに「コミュ力」）、価値があると信頼してもらえるようになるためのコミュニケーションが、「コミュ力2・0」です。

流動性が高く、何に普遍的な価値があるかわからない社会だからこそ、価値と信頼のコミュ力2・0が必要になります。

これから求められる「コミュ力2.0」

コラム

1

「いい人」は、なぜモテないのか？

「いい人」という言葉のニュアンスには、容姿やスペックには問題がないのだけど、恋愛対象としてだけは見ることができない「惜しい人」というニュアンスが込められています。いい人は、現代社会ではあと一息で恋愛市場に乗れそうで乗れない存在です。

しかし、今でこそ「いい人」は惜しい人ですが、お見合い結婚が強かった時代には、大変人気があったはずです。男性であれば職業、年収、女性であれば家事がきちんとできるか、そして両家の家柄のバランスなどで、結婚が決まりましたから、「いい人」こそ、お見合い市場で最も高く評価されたはずです。今よりもスペックがより重要でした。

ところが、自由恋愛が結婚市場の中心に変わってくると、スペックに加えてコミュ力がより重要になり、恋愛に期待される能力の比重が変わっていきます。

1985年に男女雇用機会均等法が成立し、女性の社会進出が進むにつれて、女性が男性に頼らずに生きていくための素地ができてきました。また、バブル景気に沸く日本の雰囲気と相まって、自由恋愛が一気に進みました。

その結果、真面目で高スペックないい人は、時代の変化に対応できず、男女共にコミュ力を向上させることができないまま惜しい人にとどまってしまったのです。

2章

なぜ、これまでのコミュニケーション術は通用しないのか？

1章では、コミュ力の有無が大きな格差を生み出していることを確認し、そのうえでこれまで求められてきたコミュ力1・0が、現代の状況に十分に対応しきれておらず、コミュ力2・0が求められている可能性に触れました。

この2章では、コミュニケーションとは何かを改めて検討し、歴史的な経緯を踏まえて、今求められるコミュ力2・0の姿について検討していきたいと思います。

そもそも
コミュニケーションは
キャッチボール

コミュニケーションという言葉は非常に便利で、今や広く使われています。

しかし、そもそもコミュニケーションとはいったいなんなのでしょうか? 実は、人によってその定義がばらばらではっきりとしません。しかし、定義ではなく現象としてコミュニケーションを捉えると本質を間違わずに済むのではないかと思います。

コミュニケーションをキャッチボールにたとえて考えていきましょう。キャッチボールは、二人以上のプレイヤーがボールを相手に投げ合う遊びです。この遊びは、相手にボールを投げて、それをキャッチする、そしてまた投げるという単純な動作の繰り返しでできています。

キャッチボールという遊びは、どんなボールを投げても成立します。野球のボールのような固くて小さな玉から、ドッチボールのような大きくてやや柔らかい玉まで、さまざまなボールを投げることができます。基本的に投げる人と受ける人がいれば成立します。

では、キャッチボールという遊びの本質はなんでしょうか？

それは、「投げる人と受ける人が何かをやり取りする」という型にあります。会話もまさにこの型でできています。ボールをやり取りせずに言葉をやり取りすると会話になります。この型にはまるものは、本質的にはコミュニケーション的であるということができます。

キャッチボールは、安定と不安定を繰り返す遊びです。ボールが手元にあるときは安定しています。しかし、ボールが手元を離れると、それは急に不確実で不安定なものになって、狙った場所に正確に向かっていきません。

これは会話においてもまったく同じです。自分の言いたいことを相手が理解できる言葉にしてうまく投げることができるか、相手が上手にキャッチしてくれるか、この2つの不確実さが会話を面白くしています。キャッチボールも会話も、投げるものがボールなのか言葉なのかという違いがあるだけで、基本的には同じ構造の遊びなのです。


キャッチボールはボールを渡すという目的を達成することがゴールではありません。キャッチボールはキャッチボールという遊び自体を楽しむことが目的です。ですから、**会話は、情報や感情をキャッチボールする遊びであり、会話自体が目的になるほど面白いもの**です。

会話を含むあらゆるコミュニケーションもまた、コミュニケーションそれ自体

コミュニケーションはキャッチボール

が目的となるものなのです。
つまり、コミュニケーションとは、
①投げ手と受け手が何かをやり取りする不確実なもの
②それ自体に面白みがあり、楽しめるもの
とまとめられます。
するとコミュニケーション力の基本は
①不確実なやり取りを成立させる力
②コミュニケーション自体を面白くする力
として捉えることができます。

歴史的に求められるようになった「コミュ力」

よく考えてみれば、生まれてからずっと続けてきたはずのコミュニケーションが、学生や社会人になってから改めて学び直す必要に迫られるというのはとても不思議なことです。

私たちがコミュニケーションについて学び直しが迫られるということは、日常生活の延長では習得することのできない特別なコミュニケーションの技術が求められるようになってきたことを意味します。

実際に、90年代に入って、コミュニケーションは非常に幅広い分野で研究がなされました。大学で学ぶようなコミュニケーション論、ジャーナリズムなどです。

さらに、より実践的なスキルとして相手と1対1で仲良くなるための会話術、雑談、ビジネスマナー、手紙やメールの書き方、スピーチやプレゼンテーション、人前で話すパブリックスピーキング、路上ナンパやセールス方法など、あらゆるシーンのコミュニケーションが、各分野の専門家や実績のある方によってまとめられ、本として多数出版されています。

もちろん雑誌や、テレビなどでも話し方について取り上げられます。ネットでもコミュニケーションに関する情報は溢れています。

そう考えると、もはやコミュ力について一度も勉強をしたことがないという人は、まずいないだろうという状況です。それだけ、コミュ力が現代の社会人に求められる重要な力として広く定着していることがわかります。

ではなぜ、このような「コミュ力重視」の状況になったのでしょう。

ここで少しだけコミュニケーションの歴史について振り返っておきたいと思います。

戦後からバブル崩壊までのコミュ力の変遷

歴史的に見て、少なくともわが国においてコミュニケーション力というのは社会一般には必要とされていませんでした。読み書きソロバンに代表される基礎教養こそ、生活を保証する優れたスキルだったわけです。わざわざコミュニケーションを寺子屋で教えたりはしていません。

しかし戦後、農村社会から都市社会へと移行していく中で、人々はコミュニケーションの問題にぶち当たるようになります。

農村では、論理的にわかりやすく話す技術よりも、どれだけ長くコミュニケーションに時間を割いたかということが重視されました。つまり「話し合い」よりも、「つき合い」のほうがより重要だったのです。

ですから、相手にわかりやすく情報を伝えるためのコミュニケーション術など必要ありませんでした。もし仮にそのような技術に秀でていたとしても、やることは決められた田畑で農業を営むことでしたから、大きなリターンを得ることはありませんでした。

一方、都市では出世競争が行われ、初めて会う人に対して商品を売る技術が求められました。論理的にわかりやすく話す技術や、短時間で打ち解けるコミュニケーション術などを身につけることで、大きなリターンが得られるようになったのです。

こうして、話し方講座のようなコミュニケーショントレーニングを受講したいという需要が生まれました。これが1950年代後半から80年代にかけての動きです。

この頃求められたコミュニケーションは、農村で求められるものに比べれば高度ではあるものの、それほど難しい内容ではありませんでした。あくまで基本的な、わかりやすく伝える技術、話を聞く技術、マナー、敬語、発声、笑顔の練習といった内容です。

ところが、80年代後半から様相が変わってきます。性格を改良することでコミュニケーションを有利に進めようとする自己開発セミナーや、心理学や催眠術のテクニックを駆使して相手をコントロールしようとするコミュニケーション術、筆者が専門とするスピーチなど、社会的なマナーの範疇にとどまらない、コミュニケーションの専門的な技術がどんどん紹介されるようになりました。

これらの技術は奥が深く、高度な知識も求められるため、普通に日常生活を送っていても習得することは困難です。この頃から、コミュニケーションを学ぶことが一つのステータスのようになります。

さらに90年代に入って、バブルが崩壊し流動性が高まりはじめます。また、95年にWindows 95が発売されインターネットが身近なものになっていきます。こうして人と情報の流動性がどんどん高まっていくにつれて、コミュニケーションにおいては、「空気を読む力」だけでなく、**人見知りせずに初対面の人とすぐに関係を築く「つながる力」、そして何かを提案する「意見をする力」が同時に求められる**ようになったという話は1章でした通りです。

このような、習得のために訓練が必要な高度なコミュニケーションを、本書ではコミュ力と呼びます。

コミュ力は、現代を生き抜くための必須のスキルと言ってよいでしょう。日常生活やマナーの延長以上に、専門的で高度なコミュニケーションのスキルを身につけることで、仕事や生活を有利に進められるからです。

しかし、これだけコミュ力の重要性が認知されているのに、いっこうに社会全体のコミュ力が十分に向上したという声は聞こえてきません。むしろ逆で、コミュ力が足りないという不満ばかりが強くなっています。企業が新卒社員に求める能力第一位が、2017年現在15年連続「コミュニケーション能力」（「新卒採用に関するアンケート調査結果」日本経済団体連合会）であることは、このことを裏づけています。

なぜ、私たちはコミュニケーション力を向上させることができないのでしょうか。そしてなぜ、その向上が求められ続けなければならないのでしょうか？

「最近の若者はコミュニケーションが苦手」は本当か？

私たちがいつまでもコミュニケーション力の向上を求め続けているのは、社会の変化によって企業が求めるコミュニケーション力と若者が身につけてくるコミュニケーション力がどんどん乖離してきているからです。

例えば、ベテランのビジネスパーソンと話をしていると、「今の若い人はコミュニケーションがとれない」とよく聞きます。話が通じず、自分勝手な言い分ばかりになって、チームワークが悪くなるというのです。

多くの場合、このようにコミュニケーションがとれない原因を若者のコミュ力低下に求めるわけです。これを「若年層コミュ力低下仮説」と呼びましょう。

しかし、本当に若者のコミュニケーション力は低下したのでしょうか？

この「若年層コミュ力低下仮説」は、たしかに部分的には当たるところがあると考えられます。それは、世代によって育ってきた環境・社会が異なるため、コミュニケーション力の身につき方も変わってくるからです。

戦後間もない頃から80年代頃までに育った世代は、大家族で、地域とのつながりも強く、ドラえもんに出てくるジャイアンのようなガキ大将がいるコミュニティで、たくさんの衝突を繰り返しながら育ってきました。子どもたち同士の問題は、子どもたち同士で解決するのが当たり前です。そんな環境では、自然と友達同士で仲良くやるためのコミュニケーション力が育まれます。

加えて、80年代までは大人になってからも引っ越しや転職がそれほど多くなく、住む家も働く会社も、生涯一箇所なのが当たり前の、「流動性の低い社会」です。流動性の低い社会では、長い期間同じ人と一緒にいるので、仲のよかった間柄でも時にはうまくいかなくなったりしますし、死ぬまで嫌な人とも顔を合わせ続けなければならないこともしばしばです。いわば人間関係が濃密な社会です。

そんな濃密な社会では、必然的に長く波風立てず折り合っていくためのコミュニケーション力が訓練されていきます。いうなれば、「村八分を避けるための、空気を読む力」が最も大切な処世術でした。

一方で、91年のバブル崩壊以降の社会では、終身雇用が保証されなくなり、転職、引っ越しが増え、核家族が進行し、一人暮らし世帯が都心ではおよそ50%まで増加(平成22年国勢調査)しました。「流動性の高い社会」に移行してきたのです。

地域のつながりが消えていく中で、近所の子どもたちの中心となるジャイアンのようなガキ大将はあまり見られなくなり、子どもたち同士の衝突に、先生や親が介入して解決することが当たり前になりました。00年代後半以降、過剰に学校に介入するモンスターペアレンツが社会問題となっています。

このような人間関係が薄い社会では、子どもたち同士で問題を解決してなんとかやっていくためのコミュニケーション力はなかなか育ちません。

その結果、90年代以降に子ども時代を過ごした若い世代のコミュニケーション力が低くなっていると考えるのが「若年層コミュ力低下仮説」の背景です。

世代によって身につけたきた「コミュ力」が違う

しかし、だからといって、若年者をあらゆる面で「コミュ力が低い」と言いきるのは拙速のように思われます。というのは、筆者がさまざまな世代のプレゼンテーションやスピーチを見ていると、むしろ20代の若い人たちのほうが、50代以上の人たちよりも上手に話をすることが多いからです。

この傾向は非常にはっきりしていて、中高生であっても堂々と人前で話ができることも珍しくありません。一方で、年配者のスピーチは、形式的な「本日は、お日柄もよく」から始まる無難なものが今でも頻繁に見受けられます。

なぜ、若年者の方がスピーチが上手なのかというと、答えは簡単で、トレーニングされているからです。現在、小学校から大学にかけて、スピーチやプレゼンテーションなどパブリックスピーキングが一部の授業で取り入れられています。

もちろん、欧米に比べてまだまだ内容については考慮すべき点があるとは思いますが、それでも人前で話すことを教育されるわけです。特に大学に入ってからは、カリキュラムによってはかなりのレベルのプレゼンテーションを行うことが求められるなど、相当に訓練されています。

ところが、50代以上で、そのような教育を学生時代に受けたことがある人は、非常に稀です。その差が顕著に現れていると考えられます。

つまり、年配者はなんとか空気を読んでうまくやっていくスキルが、若年者は自分の考えを堂々と述べるスキルがそれぞれ高い傾向にあります。ですから、**世**

代によって求められたコミュニケーション力に差があるだけで、若年者のコミュニケーション力がただ低下したわけではないのです。

言い換えるならば、年配者から見て、若年者は空気を読まなくなったという、ただそれだけなのです。

それは当たり前のことで、現代は流動性の低い社会で求められた「空気を読む力」より、流動性の高い社会における「意見する力」が相対的に大きく求められるようになったからです。若年者はただこの社会の要請に応えているだけです。

しかし、「意見する力」は、教育によって意識的に獲得していかなくてはなりません。「空気を読む力」は、空気を読む練習などしなくても、生活環境の中で濃密な人間関係があれば自然と教育されます。たとえ、学生時代までに教育がなされなかったとしても、社会人になれば、年配者がつくった会社に適応させるために新人研修などを通じてそのような「空気を読む」教育が行われます。

一方で、「意見する力」を教育する機会は、社会全体で行われているわけではありません。学校教育の一部にある程度です。また、社会生活で行われているセールス、ナンパ、合コン、婚活、恋活など、人とつながっていくためのコミュ力1・0の「つながる力」は、学校教育の中にまったく組み込まれていません。

コミュ力1・0は意識的に訓練をしない限り身につきません。ですから、もし何もしないままだと、社会の流動化に伴って、空気を読む力が自然と身につくこともなく、意識的にトレーニングしなかったので意見する力も身につかないままです。その結果として「コミュ障」と呼ばれる状況に陥ってしまいます。

コミュ障とまで呼ばれなくても、コミュニケーションをなんとかしなければならないと考えるコミュニケーション難民が大勢現れているのには、このような背景があります。

「よし、じゃあ、とにかくコミュ力1・0を学ぼう！」ということになるのですが、これでは問題が解決しない新たな事態が現代では発生しています。

コミュ力は時代で変わる

現代の目標、「夢を叶える」の難易度が高すぎる

人生のロールモデルは、私たちにどうすればいいのかを示唆する、船のコンパスのようにとても重要なものです。コンパスがあれば、方向を間違うことなくまっすぐ進んでいくことができます。

日本のロールモデルは、高度経済成長期は「故郷へ錦を飾る」ことでしたし、バブルまでは「いい学校、いい会社、いい人生」という、わかりやすい指針がありました。では、今はどうなっているかというと、「あなたのやりたいことをやりなさい」が私たちの指針です。

「あなたのやりたいことをやりなさい」とは、国民みんなで共有できる人生のモデル、つまり価値がもうないので、それぞれの自己責任で生きるようにしましょ

うということです。バブル崩壊から20年以上が経過し、現代ではすっかりこの指針が社会に浸透しています。

ダンスをやりたい人はダンスをやって、ビジネスをやりたい人はビジネスをやって、社会貢献したい人は社会貢献をする、そうやってそれぞれにやりたいことをやって自己実現を目指すというのが、一応の成功モデルとなりました。

言い換えるならば**「夢を叶える」ことが現代において人生の大きな目標になったのです。**

ただし、この成功モデルには大きな問題が潜んでいます。レベルが高すぎるのです。「故郷へ錦を飾る」ことも、「いい学校、いい会社」に入ることも、もちろんそんなに簡単なことではありません。しかし、「夢を叶える」ことは、前の2つの目標に比べて圧倒的に難しいです。何がその難易度を上げているかというと、ゴールを設定すること自体も自分で行わなければならない点です。

「錦を飾る」は、人として一人前に、つまり立派になることがゴールです。社会的に何が立派であるのかについて議論の余地はほとんどなく自明でした。ですから、自分が何を成すべきかについて悩んでいる人はそれほどいなかっただろうと思います。普通に、社会に出て定職に就いて幸せな家庭を持つことがゴールでした。

「いい学校を出て、いい会社に入る」は、もちろん大学を卒業した後、みんなが知っているような優良企業に就職することが最もわかりやすい目標でした。バブル崩壊以前までは、社会的に承認される王道のルートが明確だったのです。

もちろん、王道の成功モデルがあった時代にも、手塚治虫に憧れて漫画家になることを夢見た少年のように、「夢を叶える」ことを目標にしていた人も大勢いたはずです。

しかし、今のように「やりたいことが見つからない」という状態に投げ出され、「夢を叶える」という目標に向かって大人から子どもまで全員が進まざるを得ない状況ではありませんでした。夢がある人だけが夢を追いかけていたのです。

ところが、今は「夢を叶える」という大目標に向かうことが、「故郷に錦を飾る」ことと同じように、社会から賞賛される標準的な価値基準になっています。

ですから、**やりたいことが決まっていない人は、「自分が本当にやりたいことは何なのか？」という問いに対して答えを見つけなければなりません。**

もし努力した結果やりたいことが見つかれば、少なくとも「夢を叶える」ために前進することができます。しかし私たちにとって、「本当にやりたいこと」を見つけるのはなかなか難しいのが現実です。

そして、いつまでもやりたいことを見つけられないままでいると、「自分は夢も持てないダメなやつ」と自己否定に陥ってしまいます。

この自己否定は、社会人になる前の学生のモラトリアムの問題ではなく、社会人になってからもついて回ります。「私は本当にこれがやりたかったのか？」という問いからは、手に職をつけたあとであっても自由になれるわけではありません。

常に心のどこかで「他に自分がやりたい仕事」があるのではないかという感覚がつきまとうことになるのです。

このような状態は、外からは順調な社会生活を送っているように見えても、本人の内面の深い部分で自分の人生を肯定できていないため、人生を前向きに進んでいくためのエネルギーが湧いてきません。

現代はこのように、夢を見つけられた人、夢に向かって進んでいる人を標準的な成功モデルとしてしまっているため、ごく真面目に「いい学校、いい会社、いい人生」という従来の成功モデルを歩んできた人にとって、なかなか自分の人生を肯定することができない構造になっています。その結果、一部の夢を叶えた特別な人以外、十分な自己肯定感を得ることができないのです。

「いいね！」を自分に押せず、自信を持てない時代

自分自身を肯定すること、ざっくり言えば自分が自分に対して「いいね！」ボ

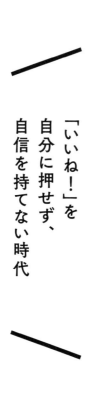

タンを押すことを自己肯定といいます。自己肯定できることは、コミュニケーションにおいて最も大切なことです。

自己肯定感とは、そのまま自信でもあります。

自分に自信が持てるから、他者に何かの価値を提案できるわけですし、相手と違う意見であったとしても自分の意見を伝えて議論を深めることができます。自信がなければ相手に合わせることはできても、相手と対立することはできません。

コミュ力は、相手と仲良くなることに焦点が置かれがちです。しかし、相手と議論を戦わせるディベートの技術、相手と距離をとりながら失礼のないように言いたいことを主張するアサーティブ・コミュニケーションも、コミュニケーションには含まれます。

相手を尊重しながら距離をとって関わる話し方を「対話」といいます。**対話がきちっとできるようになる前提には自己肯定が欠かせません。**

自己を肯定するためには、通常その前に他者からの肯定が必要です。自分のやっていることに対して、家族や学校の先生、職場の同僚や上司から「いいね！」と言ってもらいながら、自然と何をやれば他者から肯定されるのかという規範を身につけていきます。

そして、規範が身についた後、自分がその規範通りに振る舞えている場合に、自分に対して「いいね！」ボタンを押すことができるようになるわけです。

このような社会の規範が、次第に自分の中で根ざしていく過程を、「規範の内面化」と呼びます。一度規範が内面化されると、他者からの「いいね！」がなくても、内面化された規範に従って努力することができるようになります。

マザー・テレサは、誰かの「いいね！」がほしくてインドの施設でホームレスを看取っていったわけではありません。誰からも「いいね！」と言ってもらえなかったとしても、彼女は一人でその活動を行うだけの強い動機があったはずです。その動機は、彼女の内面化された規範からもたらされるものです。

とはいえ、私たちにとって、そのような自分だけの強い規範を持つことは難しいと思います。やはり、家族からの「いいね！」、恋人からの「いいね！」、お金を稼ぐことによる「いいね！」、世間からの「いいね！」など、自分以外のさまざまな側面から承認を受けることで、私たちは最終的に自分に対しての「いいね！」、つまり自己承認を行うことができるようになるのです。

ところが、自己承認の難易度は時代とともに高くなってきています。

一つは既に議論したように、社会的成功モデルとされる「夢を叶える」ことがそもそも難易度が高すぎるからです。

そして、「やりたいことが見つからない人」にとって、広く一般的に価値を認められやすい「経済的成功」も、普遍的な成功モデルにはなりませんでした。お金の入ったバスタブで美女を侍らせているイメージは、面白くはありますが、規範になるにはパワー不足です。

その理由は、格差社会の到来によって、人並みに稼ぐことさえ大変な現実が目の前に広がっているがゆえに、一発逆転の夢を信じるのが困難であること、経済的成功よりも「夢を叶える」という多様な価値が重視される社会になったことによります。

自信が持てない時代

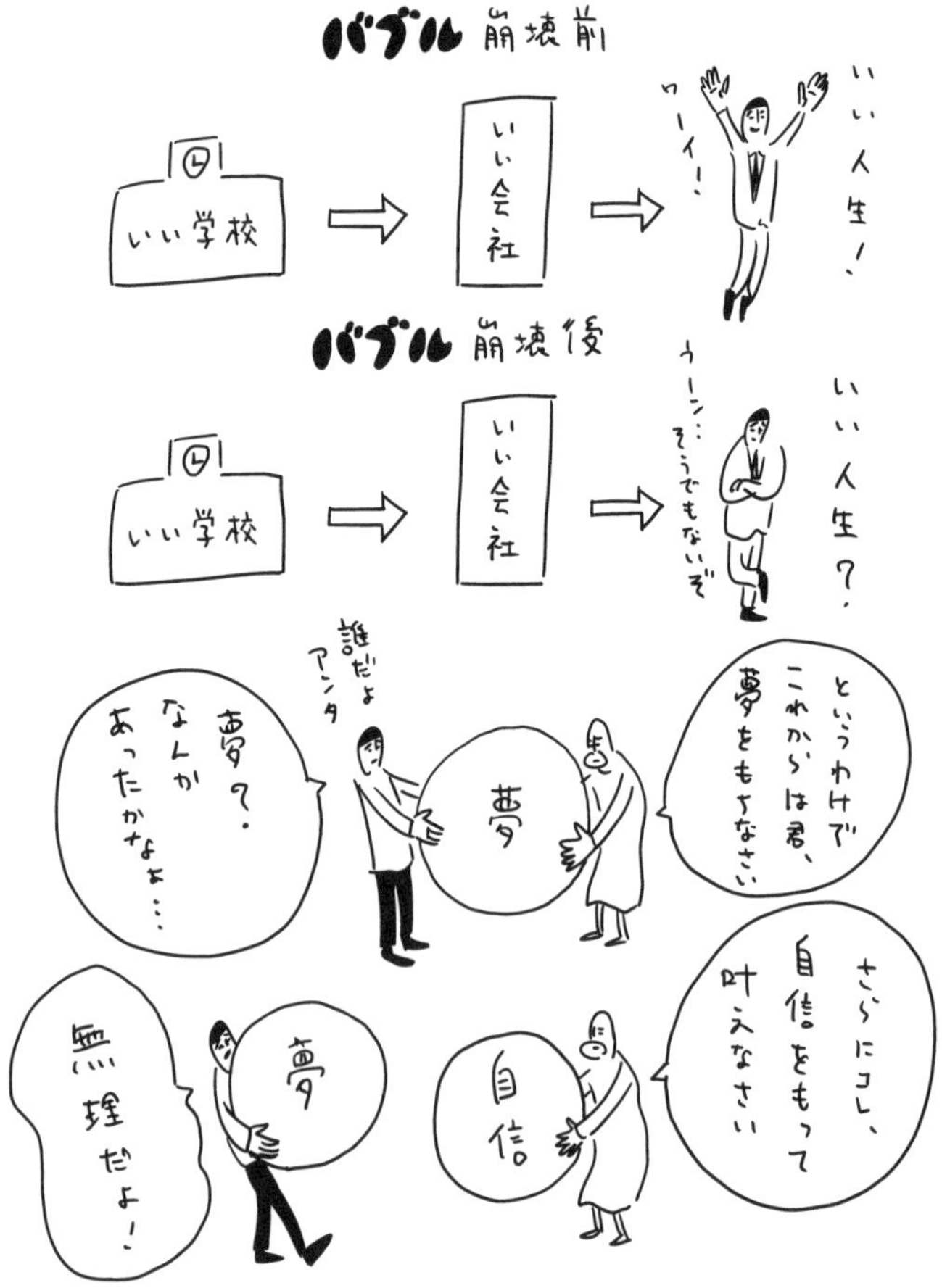
バブル崩壊前
いい学校
いい会社
ワーイ！
いい人生！
バブル崩壊後
いい学校
いい会社
うーん…そうでもないぞ
いい人生？
誰だよアンタ
というわけでこれからは君、夢をもちなさい
夢
夢って・なんかあったかなぁ…
さらにコレ、自信をもって叶えなさい
自信
夢
無理だよ！

つまり、ほとんど全員が「自分は十分に一人前である」という感覚を持つことができず「もっと成長しなければならない」という、いつまでも大人になれない感覚に潰されそうになっているのです。自分が一人前ではないという感覚のままでは、当然自信も湧いてきません。

これまでの話し方やコミュニケーションスキルは、このような自信が構造的に持てない状況を想定していません。**自分自身を信じられない中で、他者といかにコミュニケーションをとることができるか、**ということが、今私たちが直面しているコミュニケーションの大問題なのです。

多様な価値観を安易に認めるとコミュニケーションが断絶する

「あなたのやりたいことをやりなさい」と言われる現代では、あらゆる価値が認められ、多様化してきました。ダイバーシティーが叫ばれ、多様な価値を認めることが、今の日本のモードになっています。

何かに価値を見出すことを価値観といいます。この価値観が多様化したのです。コーヒーをおいしいと感じる人もいれば、おいしくないと感じる人もいます。エルメスをすばらしいと思う人もいれば、単に高いだけの商品だと思う人もいます。現代アートに巨億の富を投じて美として蒐集するコレクターもいれば、ガラクタにしか見えない人もいます。価値観も価値も実に多様です。

さて、この多様な価値観があるということを前提としてコミュニケーションの話をするとき、ここでよく議論されることがあります。相手の価値観は尊重すべきであって、押しつけるものではないのではないか、という疑問です。

例えば、あなたが単館の小さな映画館でほとんどの人が知らないマイナーなアジア映画を観て、ものすごく感動したとします。あまりに面白かったので、友人に「とにかくすごかったから、ぜひ映画館であの映画を観てほしい」と訴えました。すると友人は「へえ、そんなにすごいんだ。今度時間を見つけて観てみるね」と返事をします。

しかし、その友人は心の中では「アジア映画って、なんか興味ないんだよなあ」と思っていて、結局見に行きませんでした。1週間経って、あなたは友人に「映画観に行った？」と確認します。しかし、当然観ていないので友人には「めんどくせーなー！」と思われてしまいます。

このように、**自分の信じる価値、自分がすごくいいと思ったものを他の人にわかってもらうというのは、実はとてつもなく大変です。**

価値を提案すると、わかり合えないことが多発するために、多様な価値観を尊重しよう、自分の価値観を押し付けないようにしようという話になります。平たく言えば「あなたと私は違う」ので、わかり合えるところだけで関わり合って、わかり合えないところはアンタッチャブルで行きましょうということです。

しかし、この考え方を徹底していくと、最終的にコミュニケーションは不可能となります。お互いわかり合えないことが前提となった社会は、お互いを排除して断絶するしかありません。それは「私たち」という仲間意識を破壊して、孤立と孤独を徹底させます。

こうして、バラバラになると仲間意識を形成することができず、自己責任論や自己実現など、自己を中心に生きることが最も大切だとする価値観を持つようになります。そして、まったく関わらないか、関わったとしても表面的な本音と建前が乖離しきったコミュニケーションしかとれなくなります。言葉では「楽しいね！」とか「いいね！」と言っているのに、ぜんぜん楽しくもよくも思っていないという状態です。

一見すばらしい会社であり、一見すばらしい家庭なのに、内面では全員が偽りながらなんとか関係を保っているだけというものになるでしょう。

「みんな人それぞれ」で、お互いの価値観に関わらないでおこうと決めることは、繰り返しますが、根源的にコミュニケーションを不可能にします。

自己承認することが困難であるがゆえに自分に自信が持てず、といって自分の殻に閉じこもってコミュニケーションを諦めるわけにはいかないのだとすれば、いったい私たちはどうすればいいのでしょうか？

「わからないので教えてください」がコミュニケーションの入り口

2017年、政治風刺の漫才で大きな話題を集めたのが、ウーマンラッシュアワー村本大輔さんです。村本さんはテレビ朝日の『朝まで生テレビ』という政治番組に出演した際、「小学生以下でもわかるように説明してほしいんですけど」などと、議論のレベルを引き下げるコミュニケーションを繰り返しました。ついには、東京大学法学部教授の井上達夫さんから「少しは無知を恥じなさい」と叱られるという事態を引き起こしました。

通常、議論は前提を積み上げていくことで、深まっていきます。それを「ちょっとわからないんですけど……」と繰り返すと、「そもそもなんでこうなんだっけ？」と議論をどんどん掘り返していくことになります。

専門家同士では既に自明になっていることを、わざわざ一から説明し、議論し直すことになるので、話を先に進めたい専門家にとっては「少しは無知を恥じなさい」という話になったのだろうと思います。

しかし、テレビの討論番組は前提がありすぎて、実はお互い自明だと思っている共通認識がズレたまま議論をしていることが多々あります。そこで、前提をできるだけシンプルで簡潔に説明し、いったん議論を小学生レベルにまで引きずり降ろすことで、議論を整理したいと思っている視聴者は大勢いるはずです。

村本さんが、「わからないんで教えてほしいんですけど」を連発するのは、このためです。ただ、村本さんは、この引きずり下ろすことばかりに腐心している節が見られます。どんなにわかりやすく説明しても、「わからない」を連発されることで、専門家たちもどんどん自分の考えが揺らいでいきます。あなたの前提は何なのか、前提の前提は何なのか、前提の前提の前提の……、という具合に無限に引きずり下ろされるわけです。

「わからないんで教えてください」は重要

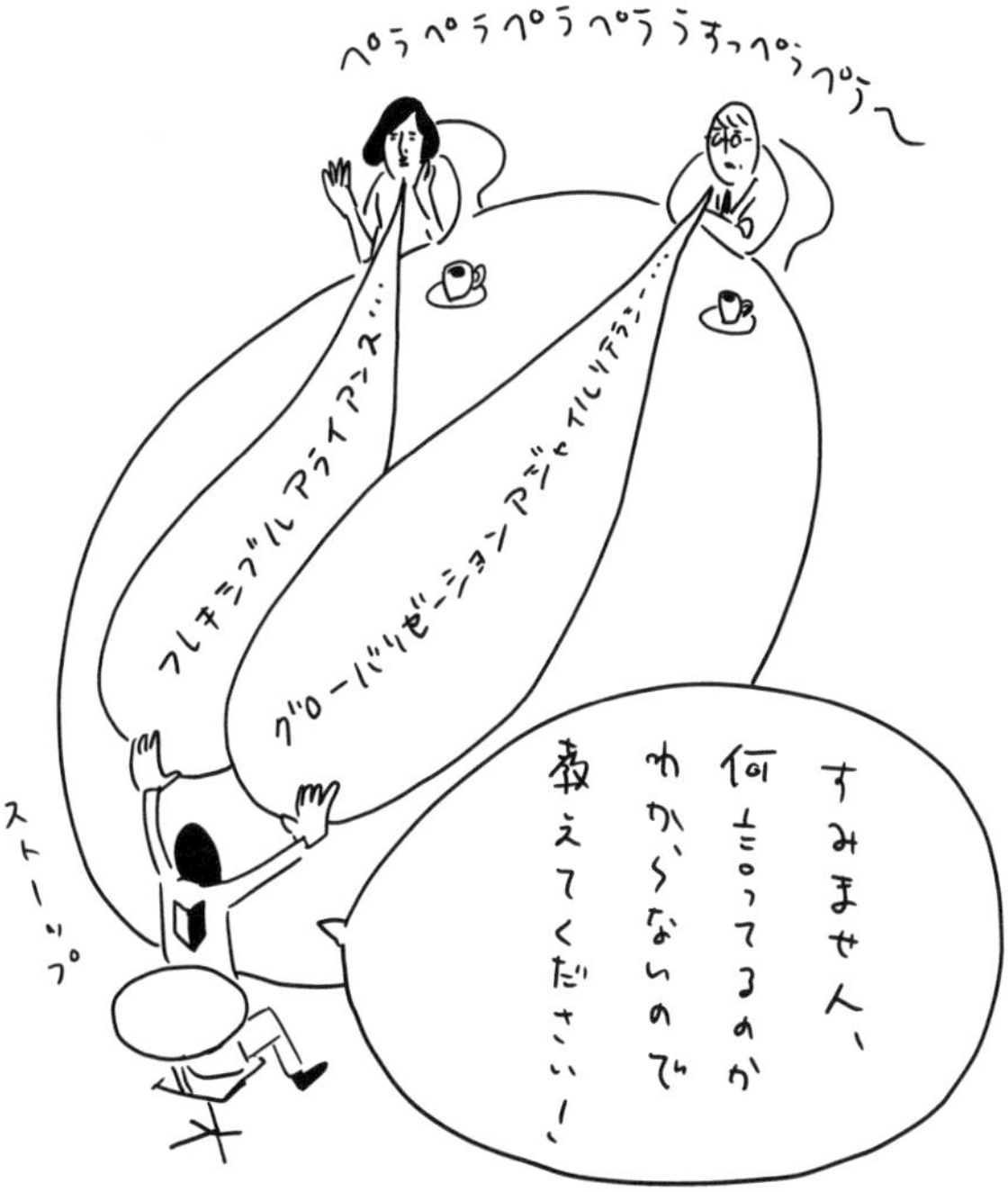

普通に考えて、こんなコミュニケーション、面倒くさくてやってられないので井上達夫さんがキレる気持ちはわかります。しかし、一度前提を整理するという、決定的に重要な役割を村本さんは担っています。

ストロングゼロ文学に見る、自明性がない時代の移り変わる「価値」

自明性・価値が揺らぐと、それを支える世界観も揺らぎます。

戦前、日本で酔っ払うアルコールといえば、日本酒か焼酎でした。畳の上であぐらをかいて、みんなで集まって宴会をするときに飲むのにぴったりのお酒でした。それが、60年代に入って、自宅の畳がフローリングに替わって、ちゃぶ台がテーブルに替わって、お酒の主役は日本酒からビールに替わっていきました。以後、日本の会食ではビールが好まれることになります。

しかし、00年代に入ると、「まずはビールで」という乾杯の文化が少しずつ廃れていくことになります。若い世代がビールは苦くておいしくない。カシスソーダのような甘いカクテルのほうがおいしいので、それで乾杯したいという文化に徐々に移り変わっていきました。今では、多様なアルコールをそれぞれが楽しむのは当たり前になってきているのではないでしょうか？

これはいつか大人になってかっこよく活躍したいという、大人に対する憧れが薄れたために、上の世代の仲間入りを果すための通過儀礼である「苦いアルコールをおいしく飲む習慣」を獲得する必要がなくなったのです。20年にわたる経済不況が、このような多様性あるアルコール文化を推し進めたのかもしれません。

そして、２０１７年。インターネットでは「ストロングゼロ文学」という言葉が登場しました。サントリーがつくるストロングゼロというアルコール度数９パーセントもある酎ハイを愛飲する人の気持ちを表現した言葉です。

ストロングゼロは、コンテクストのないアルコールです。ビールは戦後の労働者の間で広まったお酒ですし、ワインは少しオシャレな飲み物で、セレブたちが贅沢を尽くしたいときに欠かせないものです。ストロングゼロには、そのような文脈がありません。

ツイッターから、どのようにストロングゼロが語られているのか、少し紹介したいと思います。

ストロングゼロは酒という嗜好品としての文化も文学も持たない酩酊のためだけに造られたアルコールであることは間違いなく、酔っ払わなきゃ向き合えない現実がある、でも金はないみたいな人から支持されてそれを救ってるって意味で福祉なんだろうな

（出典：https://twitter.com/katsu84no1/status/936012224962768896）

いま、自分たちに必要なのは、一体感を演出するビールでも、優雅さを表現するワインでも、まったりとした大人の時間のための醸造酒でもなく、ただ酔うために存在するストロングゼロであるというわけです。

現代は、価値の自明性が破壊される時代です。それはつまり、既存の文化やコンテクストを破壊していくことでもあります。このように文化やコンテクストか

ら断たれた人の感情を慰撫するためのアルコールがストロングゼロ文学という言葉に現れているように思います。

自分の「価値」を持つことが、コミュニケーションを可能にする

私たちの自信の根源は、自明の価値からもたらされていました。「学校へ行ってよい成績を取ることが子どもの目的だ」という疑いようのない自明のルールがあるからこそ、親は子どもが悪い点数を取ったときに叱ることができるのです。

ドラえもんのママは、0点を取るのび太を必ず叱りつけます。

しかし、学校教育が社会での成功を保証しないことが明らかであるとママがもし気がついた場合、0点を取ってもあんなにわかりやすく怒れなくなります。

しかし、だからといってまったく怒らないわけではなく、とりあえず怒るのがルールだから本当は意味ないかもしれないけど怒っておくか、という怒り方をす

るはずです。このような怒り方は、のび太も当然見透かして、その場で怒られた振りをするだけです。こんなのもうドラえもんではありません。

この状況を打開するためには、かつて自明だった**自分の価値を意識的に取り戻すしかありません。**「私はこれに価値を置く」と明確に宣言し、意識的に価値に対して人生をかけてコミットメントしていくことで、強い強度のコミュニケーションを可能にしていくのです。

「好きなことで生きる」「好きなものだけに囲まれて生きる」ことは、もともとあった自明な価値を土台にして生きることに比べれば強度はありませんが、次善の策としてある程度の強度を出すことができます。

生まれたときから親の家業を継ぐことになっている子どもは、好きなことを探すことが許されません。家業を好きになるよう、自分を変容させることでしか、家業を継いでいくことはできません。自明であり、選択の余地がないことは、実は自由に選択できることよりもパワーが出やすいのです。

「好きなことで生きる」とき、「他の好きなこと」を探したい欲求と戦い続けなければなりません。その欲求はコンパスの針を狂わせて、努力の方向をブレさせます。

しかし、次善の策とはいえ、好きなことにコミットすることは、嫌いなことにコミットするよりはるかにマシですから、針がぶれないようにするために、好きなことに徹底してコミットしていくしかありません。

現代は、とにかく針がブレることが最もしんどい時代です。そのなかで、**あなたが価値があると信じること、あなたが好きなこと、あなたがやりたいことにコミットしていくことで、あなたは自信を取り戻し、コミュニケーションを再び可能にするのです。**

例えば、漫画が好きで好きで仕方のないあなたが、漫画家として生きていこうと決めて行動した瞬間、あなたのコミュニケーション力はパワーを取り戻します。あなたが、今の会社に生涯懸命に勤めるのだと決心した瞬間も同じです。

要するに、人生の何に価値を置き続けるかということが明確になることが大切だということです。

反価値的コミュニケーションは再び価値へ戻ってくる

本章では、まずコミュ力を、「①不確実なやり取りを成立させる力」「②コミュニケーション自体を面白くする力」として定義しました。

そしてコミュニケーションの歴史を振り返ることで、コミュニケーション力が単に空気を読むためのスキルから、空気を読みながら意見するコミュ力1・0、そして多様化する価値を前提としたコミュ力2・0へと、その求められるコミュニケーションの姿に応じて変化していっていることを論じてきました。

こうして議論を振り返ると、最もコミュニケーションを困難にさせているのは、「自分の価値」がぬかるみにハマって踏ん張りがきかず、鍛えたくても鍛えられないような状況であることが確認できました。

このように誰もが自分の価値が不安定になる状況では、価値を提案するコミュニケーションより、価値を否定するというウーマンラッシュアワー村本さんの反価値的コミュニケーションこそ力を発揮します。

しかし、反価値的なコミュニケーションはあくまでも、お互いの価値をいったんリセットして、コミュニケーション可能な状態を取り戻すための手段にすぎません。

やはり、**最終的に問題になるのは、自分の価値の提案です。**自分の価値に意識的にコミットしたうえで提案し、相手からも価値を受け取るコミュニケーションは、コミュニケーションの不可能性が高まっている現代において、相手の心を響かせる唯一の道です。

それは言葉で相手を説得するのではなく、相手をマインドコントロールするのでもなく、自分の信じる価値を「これいいだろう？」とさりげなく提示することで相手を誘い出すようなコミュニケーションです。

この方法は、企業が採用しているブランディングの手法そのものでもあります。

ここにきて、ようやく本書のタイトル、『なぜ、あなたの話は響かないのか』の答えを出すことができました。

それは、**思いや情報を「伝える」コミュニケーション力だけではもはや相手の心に響くことがなく、そこから一歩進んで自分の「価値」を築き、自信を持って価値のやり取りを楽しむことが必要**だ、ということです。

とはいえ、自分の価値を見つけ、自信を持つことは依然として困難です。また、相手とのコミュニケーション、特に話し方についてもやはり考え直さなければなりません。

いよいよ次章から、これからのコミュニケーションで必要となる「コミュ力2・0」について議論をしていきます。

コラム 2

リーダーは論理的に話さない

コミュニケーションのトレーニングで、最も重要視されることの一つが論理的にわかりやすく話す技術です。

しかし、これまで数多くの日本を代表する優れたリーダーと話してきた経験から感じるのは、論理的であることは、少なくともリーダーに絶対に必要なものではない、ということです。

彼・彼女らは、もちろん論理力に優れた人もいますが、正直ぜんぜん論理的ではない直感タイプの経営者も多くいます。というより、経営者はほとんど直感タイプです。学者のロジックごりごりの世界から比べたら、ほとんど全員が直感タイプと言っても差し支えありません。

論理の大きな役割は、リスクを回避して成功確率を高めることですが、経営課題のほとんど全てで成功を100パーセント確約できるようなロジックを構築しきることはできません。

例えば、人通りのほとんどない場所で隠れ家的な居酒屋をオープンするとして、その成功確率をロジックだけで予見しきることはできません。最後は動物的な勘で、この場所だったらなんだかいける気がする、という判断を勇気を持って下すことしかないのです。そして「他でもありえた」という批判を封じ込め、「ここで踏ん張るしかない」とチームをまとめて前に力強く進んでいくリーダーシップこそが求められます。

論理は、自分より頭のいい人間に任せてもなんとかなります。むしろ、自分より頭のいい人間を使いこなすことこそ重要です。

「ここで踏ん張るしかない」という言葉を発する力は、ロジックではありません。直感と信念と、それを支える価値に対するコミットメントです。

3章

絶対に失敗しない「コミュトレ2・0」

さて、いよいよ本章では、「コミュ力2・0」を身につける方法を紹介します。
まずは、「コミュ力2・0」の根幹となる、価値についてです。人は相手の何に対して価値を感じるのか、という点から話を始めたいと思います。

価値を生むのは「今ここ」から「どこか」へ連れ出すこと

私たちは、常に「今ここ」よりも、もっと楽しい「ここではないどこか」という非日常を探し続けるような習性を持っています。そのために旅行に行きますし、映画や小説などの物語を求めます。

コミュ力2・0は、そのような人間の心理を逆手に取って、**あなたの向こう側に非日常があるような予感を、相手に与えることを目的**としています。それは、「あなたといると、すごく楽しいことが待っている気がする」「今よりももっと楽しいどこかに行ける気がする」という心理状況です。

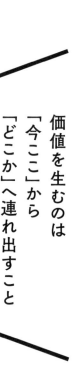

「今ここ」がどんなにすばらしいものであったとしても、それでは自分自身を物語の登場人物として認識することができず、退屈です。私たちは「どこか」を求め続けることによって、ある種の非日常の物語の主人公でありたいのです。

例えば、オリンピックの金メダルを手に入れることを考えてみます。これはとてつもなく大変なことですから、相当の努力が必要です。今ここにない、金メダルという栄光を手に入れるゲームは、うまくクリアできれば、思い出と共に、一生の宝として金メダルを手に入れることができます。

一方、金メダルをお金で買った場合はどうでしょうか？　ネットオークションに出品された金メダルをお金で買うのです。その結果、金メダルは手に入るでしょうが、そこにある価値は努力して手に入れたものとまったく異なるものになります。社会的承認はまず得られませんし、努力の中にある喜びも経験できません。せいぜいあるのはコレクターとして自慢できるくらいの価値です。金メダリストの栄誉とは比べものになりません。

お金には、努力をショートカットして実現する力があります。つまり、「どこか」を追い求める過程をすっ飛ばして、「今ここ」を充実させる力です。

しかし「今ここ」が充実しても、人間はそれほど楽しくなりません。それよりは、自分がいつか栄誉ある金メダリストになれる物語の方が楽しいですし、手に入ったものに対しても意味があります。

コミュ力2・0を身につければ、相手を「どこか」に連れ出し続けて、あなたの物語にコミットさせることができます。それにより、相手があなたに心から協力したいというオファーをしたくなります。

これは、表面的なテクニックでいちいち人を誘惑しなければならない方法と違って、もっと深いレベルで人とコミュニケーションしてつながっていくための方法です。

漫画『ワンピース』に出てくる主人公のルフィは、大きな夢に向かって好き勝手に振る舞っているだけで、人をどんどん巻き込んで仲間にしていきます。コミュニケーションするのにいちいち共通点を探したり細かなテクニックを使ったりなんかしません。

ルフィが探しているワンピースは、「この世のすべて」とされています。それはつまり、「今ここ」というこの世の一部ではなく、「どこか」にあるすべてです。語義矛盾ですから、ありえないものです。であるがゆえに、終わることのない物語のゴールであり、非日常の象徴になるのです。

さらにいえば、「この世界」の外側にあるものです。コミュ力2・0で伝えたいのは、「この世界」の内側にあるもの、つまり買えるようなもので誘惑するのではなく、「この世界」の外側にあって手に入らないものを自分の立脚点として、自分を表現することで、最高に価値のある存在になれますよ、ということです。

あなたの価値、相手を非日常に連れ出す力をひとことで言うならば、「未来に向かって成長し続けること」です。成長を続けるあなたとコミュニケーションをとることで、今ここではなく、ここではないどこかへ、一緒にたどり着けると相手が思うこと。それを実現するのがコミュ力2・0です。

「ここではないどこか」が価値になる

口下手でも相手を動かす「コミュ力2・0」

これまでのコミュニケーションが通用しなくなっていき、どんどん社会が分断されていくことが明らかになりつつある中で、どうやってコミュニケーションを可能にするコミュ力2・0を身につけ、トレーニングしていくかをこれから議論していきたいと思います。

そのために、まずこれまでのコミュニケーショントレーニングを大まかに振り返り、かつてはコミュニケーションの何を訓練していたのかを確認していきます。

コミュニケーショントレーニングの歴史を振り返ってみると、そもそもは、マナー教室や話し方教室などからスタートしました。

2章でも説明した通り、50年代、高度経済成長に突入した日本では、都会へやってきた人たちにコミュニケーションの共通の土台を提供することが大きな使命となりました。標準語や発声法、面白く話す方法、名刺の渡し方など、社会人であれば誰もが押さえておくべきコミュニケーションの基本を紹介することが求められ、人気を博しました。

90年代に入ると、より高度に専門分化されたコミュニケーションスキルが求められるようになり、コーチングやNLPなどアメリカの心理学の影響を受けた技術が紹介されました。また、演劇のワークショップを通じて、コミュニケーションを単なる話す技術としてではなく、より身体的感覚的に捉えようとするセミナーも人気を博しました。

そして現代まで、これらのコミュニケーションのトレーニングに特に大きな変化はなく、概ねこれらの枠組の中で、本が出版されたり、セミナーが行われています。

ここまで紹介してきたコミュニケーショントレーニングが視界に収めているのは、コミュニケーションの基盤を構築すること、そして、伝えたり関わったりするための「デリバリー」としてのコミュニケーションスキルです。

しかし、コミュニケーションを成立させるための構造が失われてしまった今、コミュニケーショントレーニングが収めるべき視界はより広くならざるを得ません。

つまり、「あいつは口がうまいだけ」と評価されてしまうのを抑止するため、単にうまく喋ることよりも、たとえ不器用で朴訥であったとしても、**「あいつは口下手だけど、話を聞く価値がある」と思わせるコミュニケーション**をつくり出す方法を考えなければならないのです。

そのコミュニケーションの中心にあるのは、価値であり、信頼です。「価値があるという信頼」としてもかまわないでしょう。あいつには価値がある。そして、その価値は私たちを裏切らないという信頼です。だから、口下手でも話を聞くのです。

おさらいすると、そのような価値と信頼のコミュニケーション力のことを、これまでのデリバリーとしてのコミュニケーションスキルと距離を置くために、本書では「コミュ力2・0」と名づけています。

コミュトレは逆からはじめろ！

それでは、これまでの議論を踏まえつつ、しかもどんな人でも絶対に効果があるコミュニケーショントレーニングについて、ここから紹介していきたいと思います。

どんな人でも効果があると書くからには、本当にコミュニケーションが苦手なコミュ力低めの人でも効果があるようにステップを細かく噛み砕いて解説します。ですから、既にコミュ力が高めの人には前半は物足りないと感じるかもしれません。

とはいえ、このメソッドは、これまで10年以上に渡って第一線で活躍するトッ

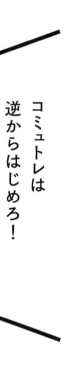

プリーダーのためのスピーチトレーニングやインタビュートレーニング、その他コミュニケーショントレーニングを通して培ってきた私のノウハウを詰め込んでいます。コミュ力高めの方であっても十分効果があると思うので、ぜひ実践してみてください。

さて、ここで紹介するコミュトレ（コミュニケーショントレーニング）は、他書のコミュトレとは一線を画します。このコミュトレが新しいのは、アプローチがこれまでとまったく逆になっている点です。

これまでであれば、話し方のトレーニングは、発声練習や、身振り手振り、言葉の使い方など話し方の訓練から入るのが普通です。しかし、ここで紹介するメソッドは、コミュトレなのにそのような話し方を鍛えるメソッドから入りません。

これまでの議論で明らかなように、コミュニケーションとは価値の交換です。価値を交換するにあたって、最も大切になるのは当然「あなたの価値」です。あなたの価値が社会的にユニークであったり、カッコよかったり、カワイかったりするということがまず重要であって、そのうえでそれを表現する話し方が重要になるわけです。

「まず中身だよ」というのは、本当にその通りなわけですが、既存のコミュトレは、その中身は既にあることを前提にこれまでトレーニングをしてきました。

ところが、社会の土台である自明の価値が、液状化しているといっていいほど失われつつある現代においては、その前提こそが、コミュトレの本質として新たに立ち現れてきたのです。

ですから、まず第一に、価値のつくり方の紹介から始めて、その後の4章で話し方について進むという形で、コミュトレを解説していきたいと思います。

専門的な言葉を使うならば、ロゴス（論理的な話し方）やデリバリー（伝え方）からではなく、まずエートス（内面的な価値）、パトス（感情）を鍛えてから、ロゴス・デリバリーの順でトレーニングをするという方法です。

この方法のよいところは、失敗することがほとんどない、というところにあります。なぜ失敗しにくいのかというのは、簡単に言うのであれば、不可逆的に、一度身につければ失われることのないよう、価値にコミットメントする形を取るからです。

ダイエットで多くの人がリバウンドしてしまうのは、ホメオスタシス（恒常性）の影響が大きいです。

体というのは、一定のレベルで安定しようとします。急激に体重が減ったら、体は勝手に元の体重に戻ろうと頑張りはじめるのです。

この元に戻ろうとする力を押さえつけるのは、人間の意思です。つまり無意識のホメオスタシスに人間の意思が立ち向かわなければなりません。しかし、有限な意思の力に対し、持久力の面で無意識からくるホメオスタシスは人間の意思を圧倒します。ですから、時間とともに次第に意思は敗北してしまいます。

ホメオスタシスに打ち勝つ方法は一つしかありません。

それは、習慣です。習慣になっていないことを習慣にする段階は、人間の意思による努力が欠かせません。しかし、一度習慣にしてしまえば、逆にその習慣を行わないことがストレスになるほど、ごく自然なこととなります。ダイエットや筋力トレーニングが成功するためには、トレーニングを習慣にして、体が元に戻らないようにするしかありません。

コミュトレにも、この習慣の力を利用するのです。**一度習慣になってしまえば、コミュ力は高い状態で維持されて、二度と元に戻らなくなります。**そして、高いパフォーマンスを発揮し続けることができます。

ですから、発声など意思の力で努力しないといけないことについてはできるだけ後回しにして、習慣に働きかけることを通じてコミュ力をトレーニングする方法を紹介します。

ただし、この方法にも弱点があります。それはトレーニングの期間が1時間とか2時間とか、そのような短い時間で完結しない点です。

確実に効果を実感できるようになるまでには、1年や2年、それくらいの時間がかかるかもしれません。

筋トレにたとえるならば、短期間で無理に行う肉体改造ではなく、長期的に運動を習慣化することで、しなやかに鍛えられた、健康的にひきしまった肉体を手に入れるというイメージです。

運動を習慣化すると思うとハードルが高いと思われるかもしれません。

しかし、これから紹介するコミュトレは、続けることはまったく難しくなく、それどころか一度理解してしまうと、続けないほうが難しいとさえ言えるほど、簡単に習慣化できるので、心配しないでください。

ですので、要諦を理解し、人生を変えてしまうほどのコミュ力を手に入れてもらえればと思います。

あなたの価値を創出する方法

「コミュ力2・0」のコミュトレを始めるにあたってまず問題になるのが、コミュニケーションにおける「あなたの価値」です。

「あなたの価値」とは、相手があなたと話をして「面白い」と思うかどうかと言い換えてもよいかもしれません。どうすれば、あなたが他者から「価値ある人物」として評価されるようになるのか、そのことを考えなければなりません。

価値の一つは1章で述べたように、「スペシャリティ」、つまりは専門知識です。しかし、高いスペシャリティも全体の価値から見ればあくまでも一部にすぎません。仕事はできるけど、話していてつまらない人というのは大勢います。逆に仕事はできないけど、場にいるとなんだかすごく全体としてよくなるという人もいます。価値は立体的で複合的です。

そのような複合的な価値を自分自身の中にいかにして築いていくか、そこから始めてみましょう。

まず、「あなたの価値」における「あなた」について考えてみます。

あなたは、イケメンだったり、カワイかったり、太っていたり、ヤセていたり、背が高かったり、低かったり、声が大きかったり、小さかったりします。

また、頭がよかったり、スポーツができたり、音楽ができたり、逆に得意なことはないけど地味なことをコツコツ続けられたり、人それぞれ能力に違いがあります。あなたはそういうスペックの自己認識を持っているわけですが、そのような自己認識を「セルフイメージ」と呼びます。

もしあなたがコミュ力高めの人物であるなら、セルフイメージは既に高いはずです。コミュ力が高いということは、周りから「いいね！」と言ってもらえる機会が普通の人よりも多かったはずで、少々勉強やスポーツが苦手でも自信に影響することはなく、高いセルフイメージにつながったはずです。しかし、コミュ力低めの人の場合、他人から「いいね！」と言ってもらえる機会が少なく、「いいね！」どころか、「よくないね！」を連発された結果、セルフイメージが下がってしまっているかもしれません。

まず、他者と比べることは基本的にはやってはいけません。ほとんどの場合、自分より優秀な人とスペックを比べることになるだけなので、劣等感を覚えて、セルフイメージを引き下げる結果にしかなりません。ですから、**他者と比べることなく、より強い個性のあなたをつくれるかが、コミュトレにおけるゴール**になります。

高いセルフイメージが持てるようになるためには、あなたに高い価値があることに、あなたやあなたの周囲の人々が気がつかなければなりません。

それでは、あなたが気づくべき「あなたの価値」は、どうすれば見えてくるのでしょうか？

あなたの価値を左右するのは、「未来のあなた」

「あなたの価値」は、「過去のあなた」と「現在のあなた」そして、「未来のあなた」からなります。このうちコミュトレにおいて特に大切なのは、「未来のあなた」の存在です。

「過去のあなた」は、履歴書に書けるあなたです。履歴書を読めば、どのような過去を過ごしてきたのかがある程度わかります。面接官が履歴書を読むのは「過去のあなた」を知ることで、「現在のあなた」の価値を推し量るためです。

私たちは目の前で話している相手の言葉をそのまま鵜呑みにしたりはしません。イソップ寓話の狼少年の「狼が来たぞ」と同じで、過去の実績を参考にしながらその言葉を判断しています。ですから本当にすばらしい提案であったとしても過去のイメージが悪いと、「彼は口がうまいから」という文脈で回収されてしまって、本当の言葉は届きません。

逆に、過去の実績がすばらしかった場合は、プレゼンテーションが少々下手でも、「言っていることはよくわからないけど、彼だったら大丈夫だろう」というように受け止られます。過去があなたのイメージをつくっている、これはこうして改めて議論するまでなく当たり前のことです。

「現在のあなた」は、今どのようなスキルを持っているかというあなたのスペックにかかわる話です。英語ができて、コミュ力が高くて、オシャレな人、などです。スペックが高ければ当然「あなたの価値」が高くなります。

問題は「未来のあなた」です。実は、**過去の実績でもなく、今のスペックでもなく、未来のあなたの姿が、今のあなたの価値に直結する**のです。

金融業では、「ディスカウントキャッシュフロー」というモデルを使って、未来の経済的価値を現在の経済的価値に置き換えて売買する方法を取っています。

毎年10万円分の金の卵を産むニワトリがあと10年生きるとして、あなたはいくらで買うのが適切か、ということを計算する数理モデルです。あなたがもし「ニワトリが10年生きるんだったら、100万円が妥当だな」と思ったとしたら、売りたい人が殺到することになります。買収額が高すぎるからです。なぜでしょうか？

ニワトリを飼育するにはその経費がかかります。ですから、100万円ではその飼育分の経費は必ず赤字になります。しかし、これは全体で見れば微々たるものので、決定的な理由ではありません。

最大の理由は、今すぐもらえる100万円と、10年後にもらえる100万円では、現在における価値がぜんぜん違うからです。

「今すぐもらえる１００万円と、10年後にもらえる１００万円、あなたはどっちがいいですか？」という質問をすると、大半の人は今すぐもらえる１００万円がいいと言うでしょう。これは、10年後にまだニワトリが生きているのかどうか、本当に約束が果たされるかどうか、インフレは起こらないのかなどなど、不確定要素が多くなり、今すぐ１００万円もらったほうがお得だと多くの人が判断するからです。

実際、このディスカウントキャッシュフローモデルで10年後にもらえる１００万円を現在価値で換算すると、割引率にもよるのですが、ほとんどタダ同然になります。

ですから、「未来のあなた」の価値を現在の価値にそのまま換算しようとしても、ほとんど無意味になってしまいます。

しかし、ある工夫をすると、未来の価値が、現在の価値を跳ね上げます。この方法は、企業が実際に取り組んでいる方法で、自社を売却したり、上場したりするときに使います。

自分を最大限に高く売る方法、それはずばり、「成長すること」です。

成長がなぜ重要なのか、成長していない企業と、倍々で成長している企業とを比較してみるとわかりやすいです。

成長していない企業は毎年の利益が1億円だった場合、手に入る予定のお金は5年で5億円です。一方で、成長している企業の場合、これまでの3年で、500万円、1000万円、2000万円と倍々で伸びてきた企業だとすると、今後5年間も同じように成長することが見込める場合、4000万円、8000万円、1億6000万円、3億2000万円、6億4000万円となって、手に入る予定のお金が12億4000万円になります。5億と12億ですから、圧倒的に成長している企業のほうが未来の価値が高いことがわかります。

この会社に投資しておけば、今の価値よりも未来にはもっと多くの利益がもたらされると考えた場合、今の実力ではなく、将来の利益を先取りする形で、投資マネーが集まるのです。

当然、これはあなたにも当てはまります。**あなたが成長するかしないかというのは、周囲から見て大きな魅力の差になります。**

夢に向かって進んでいる人は、男女問わず魅力的に映るものです。未来の価値が、現在価値に換算されているからです。

一方で、成長しない人は、今あるスペックを見るしかなく、しかも未来の価値は目減りして見えるので、成長する人に比べて相対的に魅力的に見えません。

ですから、**あなたの価値を最大化するには、未来の成長にコミットすることが最も重要なのです。**

まずは、「あなたの憧れるあなた」を設定する

あなたは成長することで、他者に対してより魅力的な存在になって、コミュ力を高めることができます。そこで、どのように成長することがよいのかを考えて

みます。

自己啓発の世界では、「億万長者になって、お金と時間の自由を手に入れる」ということがよく目標とされます。

たしかに、この目標もすばらしい夢の一つなのですが、この方向性は万人に向いているわけではありません。

「お金はあったほうがいいけど、別にそんなにたくさんほしいわけじゃない」と思うのは、強がりではなく本音です。億万長者になりたい人もいれば、モデルとして有名になりたい人、社会貢献活動に取り組みたい人など、それぞれに「なりたい自分」があるはずです。

しかし2章で確認した通り、「その、〝なりたい自分〟ってやつがなんかぼんやりしてるんだよなぁ」と、思う人が多いのではないでしょうか。

そうなんです。「なりたい自分」にならなければならない。「夢を叶え」なければならないという社会的圧力は、私たちを息苦しくさせている大きな要因になっています。なりたい自分も、叶えたい夢もないというのは、ごく一般的なことですし、なくても本当はそんなに困りません。ところが、現代では「なりたい自分」がないと社会的に疎外されてしまうのです。

そしてやはり、「なりたい自分」というゴールがなければ、自分をどのように成長させていいかもわかりません。サッカー選手になるべきか、学者になるべきかで、努力の方向がまったく違うからです。

では、「なりたい自分」が見つからないときはどうすればよいのでしょうか。

そこで、キーワードになるのが、「あなたが憧れるあなた」です。なりたい自分も叶えたい夢も特にない。でも、あなたの中には、自分が3年後にこうなれていたら素敵だなあと思う、あなたが憧れるあなた自身はいるはずです。

「なりたい自分」と「あなたが憧れるあなた」は、よく似ているのですが、少し違います。「なりたい自分」を想像する時、明確な目標がない限りは「とりあえず年収1000万円」「自由に働いている」など、自分の「欲望」を抽出しようとしてしまいがちです。

しかし、あなたが「憧れる」あなたを想像しようと考えてみたとき、自分の欲望に加えて、社会の中でどのように胸を張って生きていきたいかという社会的承認にも目が向きます。

それは、あなたの欲望ではなく、「憧れる」という言葉から既にあなたが憧れ、あなたも含めて社会的に承認されている「誰か」に重ねるような形で、自分の未来をイメージするからです。

世間や社会なんて関係ない。自分の欲望を実現することが重要なんだ、という意見もあると思うのですが、あくまでコミュ力を中心に話を組み立てたとき、多くの人に共感を持って支持してもらえる価値観は、憧れのあなたのほうです。

あなたが憧れるということは、他の誰かからも憧れられる可能性が高く、その価値に共感してもらえる可能性が高いからです。

ですから、**「あなたが憧れるあなた」を実現することを通して、コミュ力の根幹を訓練**したいのです。このことを「あなたの価値にコミットする」と呼びたいと思います。

「あなたの憧れる誰か」が価値の源泉となる

あなたが憧れるあなたを想像するとき、ヒントになるのが「あなたの憧れる誰か」です。

あなたの憧れている誰かは、あなたが憧れるだけあって、100パーセントコミュニケーションの達人です。

ひょっとすると、その人は朴訥で表面的なコミュニケーション力は低く見えるかもしれませんが、価値を提案する達人であることは間違いありません。だからこそ、あなたはその人に憧れているのです。

そして**あなたは、憧れの人の価値に共感**しています。憧れの人の言動や振る舞いがカッコいい、カワイイなど美的に優れていると感じられるのだとすれば、あなたはその人をもっと研究すべきです。

本を読む、映像を見る、実際に会える人であれば、会って話を聞くなど、なんでもかまいません。とにかく、没入してその人の世界観に触れて、面白がることが大切です。没入して、その人の考え方や振る舞いを思わず真似てしまうことで、自然と考え方や話し方、振る舞いが変化していきます。

ジャニーズのアイドルSexy Zoneの中島健人さんは、「中学時代にアニメに憧れるあまり、自分のキャラクターが一定でなくなってしまい、友だちがいなくなった」ということをテレビで言っていました。ちなみに、そのときに影響を受けたのは、「幽☆遊☆白書」の飛影、「ドラゴンボール」のベジータ、「遊戯王」の海馬瀬人とのことでした。


このように他者に憧れて、他者の真似をしてしまうような感情のことをミメーシス（感染）といいます。ミメーシスできる相手がいれば、まずは徹底的にその人の真似をしてみる。それは実在している人物でなくてもかまいません。アニメでも漫画でもまったく問題ないのです。中島さんのように一時的に友だちを失う

「あなたの憧れる誰か」を目指す

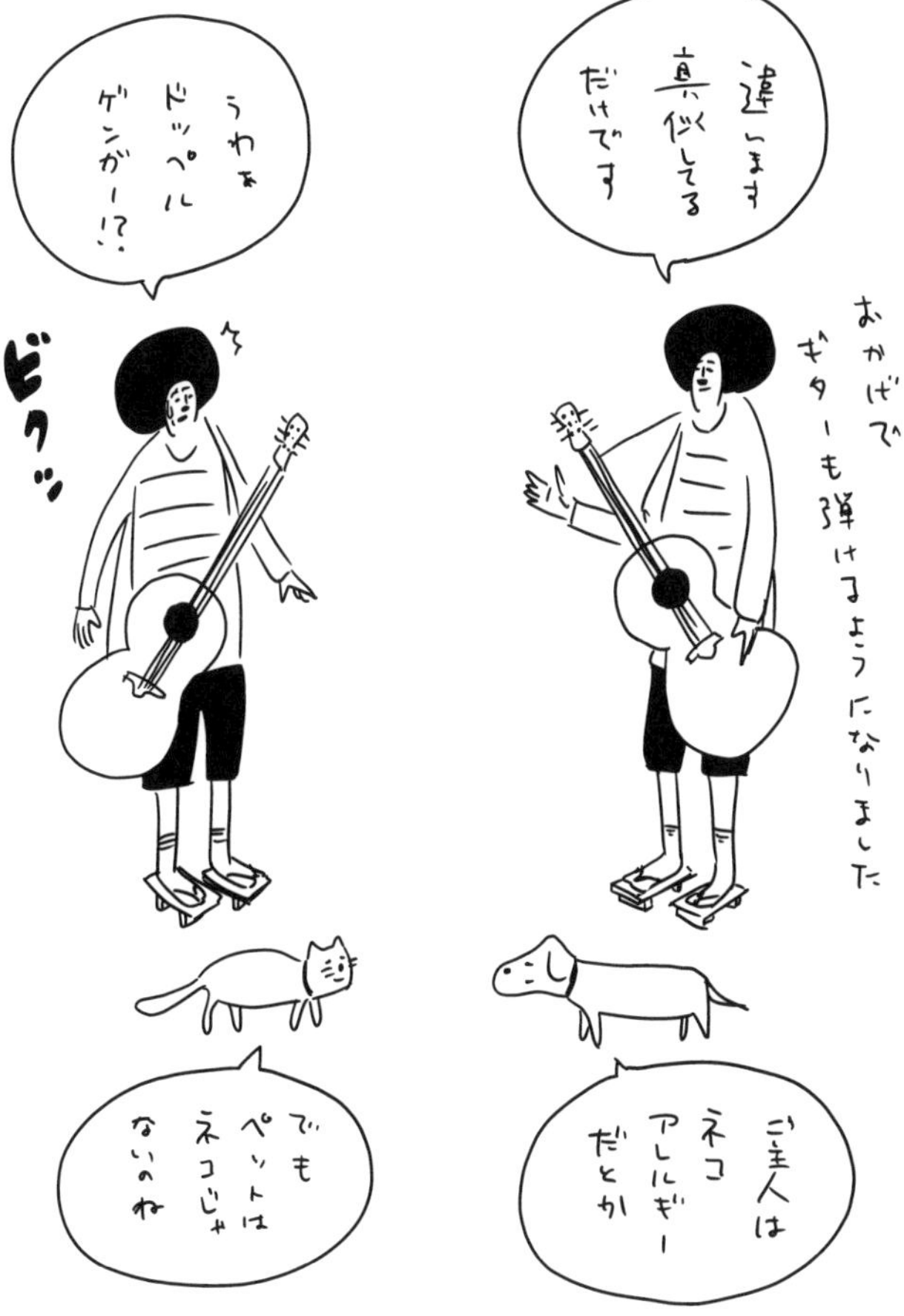

かもしれませんが、ミメーシスはあなたをより魅力的にしてくれるはずです。

ただし、ミメーシスは一つのマイルストーンにはなりますが、ミメーシスをしているだけでは、唯一無二の強い個性を持ったコミュニケーションのスペシャリストになることはできません。**ミメーシスを繰り返しつつ、あなた自身の価値を高めていく独自の努力**をしなければなりません。

そのために紹介するコミュトレは、戦略的な企業ブランディングの技術を、そのままあなた自身に応用することです。

「ロゴ」を持つことで自分の価値を示す

企業ブランディングで第一に考えるのは、その企業の「ロゴ」です。

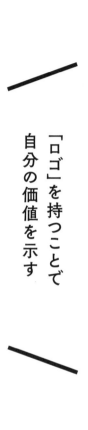

ロゴマークというのは、会社を表すトレードマークのことです。このロゴマーク、実は会社の方向性を示すとても重要な役割を担っています。ロゴマークなんて、簡単な記号でもなんでもいいんだろうと思われるかもしれませんが、そんなことはありません。ロゴマークをつくるのは、本当に大変な作業でなんでもいいわけではありません。

例えば、ユニクロと無印良品のロゴマークがあります。どちらも四角形のシンプルロゴで、この2つの企業はコンセプトもとてもよく似ています。

ユニクロはベーシックなアイテムを組み合わせることでファッションを楽しもうということを提案していて、無印良品はシンプルな生活雑貨を組み合わせて生活を楽しもうということを提案しています。なので、あのようにシンプルな四角い形をしていて、組み合わせられる可能性が意識されています。

両社共、カッコいいファッションを提案するブランドでも、ラグジュアリーなライフスタイルを提案するブランドでもありません。そのため、ロゴもカッコいいマークではないのです。

ロゴマークは、あらゆる媒体に表記されます。例えばウェブサイト、広告の紙面、商品などです。

ロゴはその媒体のどこかに大きかったり小さかったりしますが、必ず表記されます。その結果、媒体の印象はロゴのデザインで大きく左右されることになります。例えば、無印のような優しいデザインのロゴを、セクシー下着ブランドのウェブサイトにはめてみると恐ろしいほどの違和感が生まれます。これは、価値が相反しているからです。

このように、ロゴはある種の結界のように作用します。結界というのは、魔法陣や呪いによって穢《けがれ》を寄せつけず、よいものだけを通すための呪術のことです。ロゴは、現代の情報空間における魔法陣そのものです。**ロゴによって張られた結界は、自分の価値にそぐわないものを違和感としてはじき出し、逆に自分の価値に合うものだけを選び取れる仕掛けを有しています。**

ですから、よいロゴを持つことで、企業は自分の価値を対外的に発信し、ブランド力を高めているのです。

さて、このロゴによる結界を、あなた自身に応用したいわけです。他者から見て、あなたを象徴するロゴというのは何になるでしょうか。

普通に考えると顔、体、声が最大のアイコンになります。当然、これらをどうするのかということは大きな課題になりますが、これらは少し後回しにして、もっと手軽に始められること、お金を出せばなんとかなるものについて考えてみたいと思います。

コミュトレは「バッグ」から始めよ

まず、最初に結界を張るために最も手軽なものは、身につけるファッション関係のものでしょう。身につけるということは、それはロゴマークが媒体に貼りついているのと同じ効果を持ちます。その中でも、**あなたの考え方やありたい姿を最も表現できるもの、それは「バッグ」です。**

身につけるファッション小物は、あなたのファッションと組み合わせることができ、常にあなたとは何者であるかを対外的に主張するアイテムになります。その中でもバッグは、あなたの考え方やライフスタイルを最もよく表現できるアイテムです。

あらゆるシーンに気軽に持っていくことができるので、他のアイテムに先駆けて購入することで、これからつくり上げたいブランドイメージを構築する上でとても便利です。

コミュ力と人格の話をしていたはずなのに、なんでバッグを買えとか、わけのわからない展開になるのかと、戸惑われたかもしれません。

しかし、人間怠惰なもので、ダイエットのような習慣にしなければ意味がないものというのは、本当に生活に取り入れるのが難しいのです。

一方で、ものを買うという行為は、最も簡単に自分のライフスタイルを変えることができます。

ですから、費用対効果として影響力の高いところからコミュトレを始めようとすると、ショッピングというのは相当に便利な方法なのです。


それと、もしあなたが男性でメンズファッションに詳しい場合、「靴から買ったほうがいいんじゃないの?」とか、「時計から買ったほうがいいんじゃないの?」と思ったかもしれません。

欧米では、相手の靴と時計を見て、その人物の人となりや生活水準を推し量るという文化があったりするので、たしかにバッグから始めるというは、その伝統から考えると少し外れています。

しかし、バッグはショッピングのときに気軽に持っていけて、バッグの次に購入する他のアイテムや服と合わせることができます。

つまり先にバッグを決めておけば、これから買おうとしているアイテムとそのバッグが釣り合っているのかを判断することで、自分のブランドを統一していくことが簡単にできるようになるのです。

合わせるという点では靴でもいいのですが、靴はそのときの服装に合わせて履き替えるでしょうから、ショッピングのときに合わせたい靴を履いていない可能性はバッグよりも高くなります。

やはりバッグのほうが気軽に合わせられるので、結界づくりの基本はバッグから始めるのがいいでしょう。

バッグがもう一つすばらしいのは、他のファッションアイテムにくらべ、よりあなたの考え方やライフスタイルが現れるアイテムという点です。

例えば、機能を重視するのか、ラグジュアリー感を重視するのか、可愛さを重視するのかなど、さまざまなことを私たちはバッグに要求しています。

さらに、ブランディングの観点から、3年後のあなたが持っているべきバッグとは何かを考えてみましょう。

今のあなたが持ちたいバッグと、**3年後の成長したあなたが持っているバッグは少し違うもの**になっているはずです。

先ほどのミメーシスを利用するのであれば、憧れの人が持っていそうなバッグを買ってみるのもよいでしょう。

あなたがもしスティーブ・ジョブズに憧れているのであれば、彼が使っていたcôte&ciel「ISAR S」を買ってみる。このバッグはシンプルに見えますが、アシンメトリーのデザインになったちょっと変わったバックパックです。先進的でシンプルを好んだジョブズが、いかにも好みそうなバッグです。ちなみに大成功したジョブズですが、バッグの定価は3万5000円程度です。総資産数百億は持っていたジョブズですが、ハイブランドの高級品ではなく、私たちでも買うことができそうなバッグを愛用していました。

大切なことは、金額の高さではありません。あなたが目指すべき価値を体現しているバッグを買うことです。

逆に、カジュアルブランドではなく、ラグジュアリーブランドが必要な人もいます。弁護士や医師、商社マンなど大きな金額が動く仕事をする人の他、ホステスやホストなどの夜の仕事をする人は、ラグジュアリーブランドを利用したほうがいいでしょう。

ラグジュアリーブランドには、社会的地位を表現したり、安い人間ではないことを相手に伝える力があるからです。また、ラグジュアリーブランドの持つ価値とのコミュニケーションを通して、自分のセルフイメージや世界を広げることができる点も、決して侮れない価値があるだろうと思います。

当然ですが、憧れの自分の姿とかけ離れているブランド品を買うことはオススメできません。それは、あなたの価値を毀損する行為だからです。あなた自身がブランド物に「使われている」ような、他の価値に依存している状態になりかねません。

あなたの実現したいライフスタイル、振る舞い、憧れのあの人が持っているであろうバッグを投資だと思って、ぜひ購入してほしいと思います。ここから、コミュ力トレーニングが始まります。

あなたのロゴマークにあたるバッグを買うことができたら、それを持って買い物に出かけてください。そして、バッグとのバランスを見ながら、靴、靴下、ボ

バッグがあなたのロゴになる

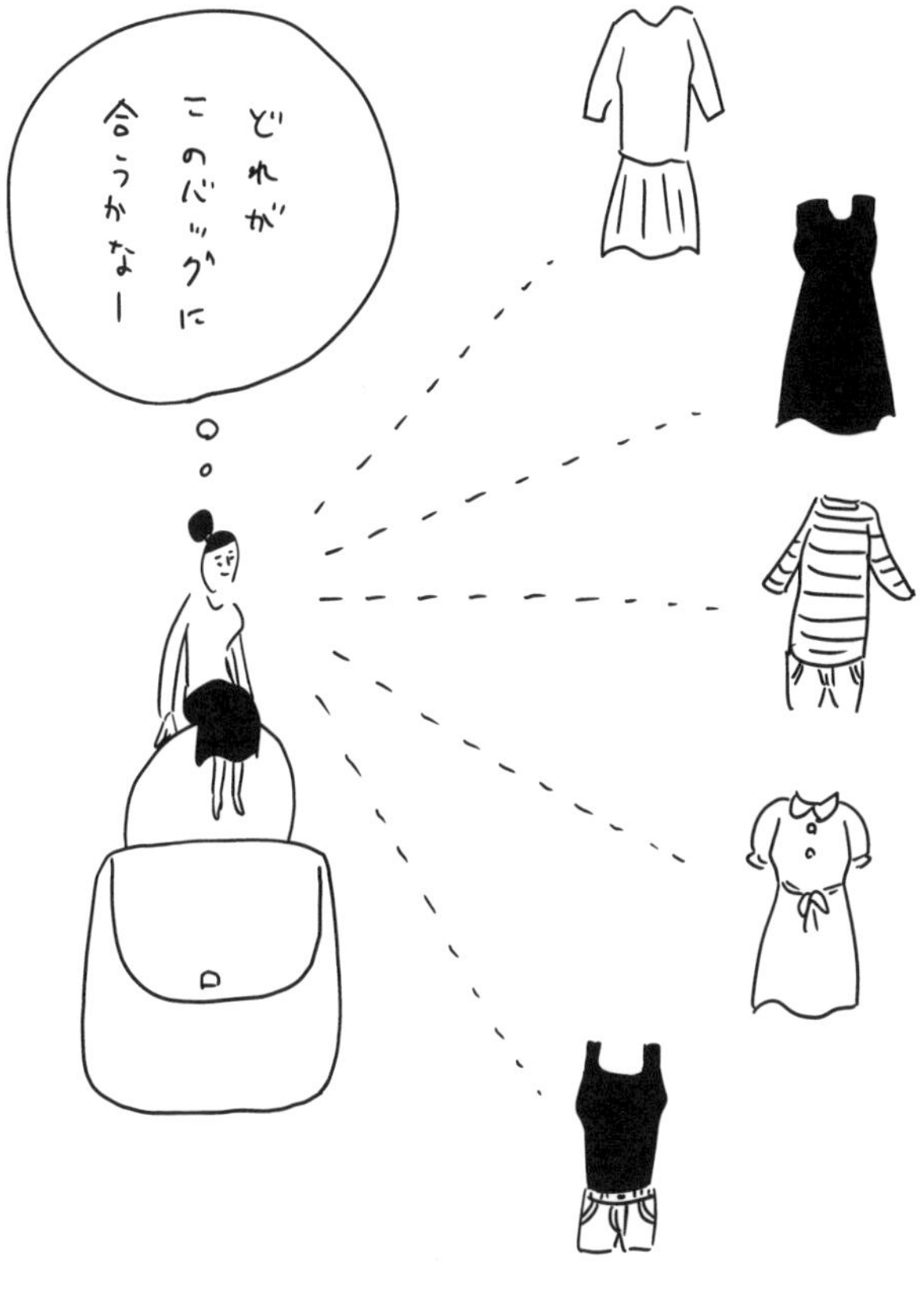

トムス、ベルト、トップス、アウターと揃えていきます。

これで、3年後のあなたはどのようにありたいのかが、単なるイメージに比べてはっきりとし、また外に対しても発信できるようになります。

価値を高めるのに必要なお金と不要なお金

コミュ力のトレーニングなのに、バッグを買うことから提案するという展開に、少々戸惑われているかもしれません。

しかし、一流と呼ばれる人は、みなそれぞれのライフスタイルを表現しているバッグを持っていることは確かです。

ある人はラグジュアリーなルイ・ヴィトンやエルメス、ある人は機能性重視のTUMIといった具合です。バッグには、その人がどのように生活したいのかという考え方が如実に現れます。

しかし、「気軽に何十万円もするようなハイブランドなんて買えないよ」と思うのが普通です。

そこで、「消費」と「投資」について考え、お金を使う感覚を変えなければなりません。あなたのセルフブランディングのために買うバッグは、「消費」ではありません。あなたの価値をつくり上げるための「投資」です。

お金は、あなたの価値を高めるために使えるのであれば、より大きな価値があります。お金は単なる数字であると既に書きましたが、あなたの自信を支えてくれるツールでもあります。

あなたの通帳の残高がたくさんあることは、あなたがそのことを周りに言いふらさなければ誰も知らないので、本来価値はまったくありません。

しかし、あなたがお金を持っているということ、貯金が増えているという現実は、あなたの人生が経済的に承認されていることを示しており、大きな自信に結びつくはずです。

そういう意味において、**貯金通帳の数字は単なる数字ではなく、あなたの自信であり、コミュ力の源泉**になり得ます。

といって、お金を貯めればコミュ力が向上するのかというと、そんなことはありません。まったく逆に、資産があることでコミュ力が大きく損なわれる場合もよく見受けます。

例えば、親の受け継いだ資産があるのだけど、仕事でもプライベートでもうまくいかないというケースです。この場合、お金がないからできないという言い訳が許されず、自尊心がむき出しになって大変苦しい思いをします。人間言い訳ができるから自分を保っていることができるわけですが、お金を言い訳にできないと、自分のダメさ加減が際立ってしまうので、セルフイメージはより低くなってしまいます。

繰り返しになりますが、信頼と価値をどう高めるかが大切で、**お金もまた、信用と価値を創造するためのツール**にすぎません。拝金主義的にお金一辺倒になると、本当に増やすべき信頼と価値を逆に毀損する結果となる可能性さえあります。

しかし、信頼と価値を上手に武器にできると、結果としてお金はどんどん入ってきます。

例えば、株式上場というのは、未来の利益を先取りするための仕掛けです。最近出てきている仮想通貨を発行して資金を集めるＩＣＯ、寄付をウェブサイトで募るクラウドファンディングといったサービスも、信頼と価値によって、未来のお金を先取りしてビジネスを行うことができるようにするためのものです。今後、このようなサービスはますます増えていくことになると思います。

とすれば、ますます一時の利益より自分の価値をつくり上げることが大切になるわけです。

不要なものを捨てると あなたの価値が 洗練される

ファッションを通して、なりたい自分の方向性が少し固まってきたところで、今度は住んでいる部屋も価値に合わせて整理整頓していきます。

『人生がときめく片づけの魔法』（サンマーク出版）が世界的ベストセラーとなった近藤麻理恵さんによれば、お部屋を片づけると、「おだやかになったね、といわれるようになった」「営業の仕事がたくさんとれるようになった」「気乗りしないお誘いも、断れるようになった」など、単に部屋がきれいになった以上の体験談が数多く寄せられているのだそうです。

これを神秘主義的に考えれば、「部屋をきれいにすることで運が良くなった」と解釈することもできるかもしれません。しかし、「コミュ力2・0」の観点で考えると、この事象はもっと簡単に説明できます。

私たちは、価値にコミットすることを強制される社会を生きています。「あなたのやりたいことはなんですか？」という質問を、どんなにウザいなと思ったとしても無視することはできません。「やりたいことが見つからない」と答えたとしても、「見つからない」のは探している結果ですから、やはり無視しているわけではありません。その質問を受けて、ちゃんと考えているのです。

人生をかけてやりたいことが見つからなかったとき、私たちは最も普遍性の高い価値を探して、それを手に入れるゲームにコミットしようとします。それは例えば、受験であったり、お金を稼ぐことであったりします。

受験もお金も、参加人数が多く、共にゲームとしてやりがいが十分にあるので、これはこれで面白いとも思います。

しかし、このような受験やお金にも本気になれなかったとき、私たちはプレイするゲームがない人生を過ごさなくてはならなくなります。プレイするゲームがないために、成長も望めません。

私たちが成長するためには、何かを手に入れるゲームに参加することが必要です。どのゲームにも参加していない人は、成長したくても、成長するための踏ん張りがききません。

また、複数のゲームに参加することも、成長と成功を阻害する大きな要因です。何が大切か、その優先順位をつけることができなければ、サッカー選手を目指しながら学者を目指さなければなりません。これはほとんどすべての人にとって、困難すぎる無理ゲーに他なりません。

私たちは、ゲームを選んで、その枠の中で成長しなければなりません。そこで、ゲームを選ぶために参考になるのが、好き嫌いです。「好きなものにだけ囲まれて生きる」ことは、嫌いなものに囲まれて生きるよりも、数段マシでしょう。

もちろん、好き嫌いを超えて打ち込めるものがあるのであれば、それは本当にすばらしいことですが、まず最初の取っ掛かりとして、好き嫌いでゲームを選択してみることで、あなたの成長すべき枠組みが浮かび上がってくる可能性があります。

近藤麻理恵さんの「片づけの魔法」は、あなたの好き嫌いを参考にしながら整理整頓や清掃を行っていくというものでした。このように、「嫌いなものを捨て、好きなものを残していく作業」は、ゲームにコミットメントしていることに他なりません。すなわち、**どちらの可能性も取っておきたい衝動を抑えて捨てることで、価値に対してコミットメントを表明している**わけです。それは、結果的にあなたを成長させる枠組みを構築していることと同義です。

だから、片づけはあなたに魔法をかけるのです。

つまり、あなたがやるべきことも、好き嫌いを軸とした部屋の整理整頓なのです。そして、これを部屋だけでなく、**好き嫌いを中心に、あなたの人生全体を整理整頓していくことで、あなたの価値は洗練されていきます**。その結果、どんどんコミュ力が向上するのです。

玄関マットで「ウチ」と「ソト」の価値を分ける

あなたの部屋の整理整頓について、もう少し見ていきましょう。

部屋は、あなたのプライベートな情報が詰まった場所です。一人で過ごす時間、家族と過ごす時間、友人や恋人と過ごす時間など、親しい人との接触しか起こらないため、あなたの外向きでない本当の素顔が現れる場所です。

ですから、部屋はあなたにとって最も価値共感的でリラックスできる場所を目指したいのです。

そのため、部屋をつくっていくときの基本的な考え方は、外部の「緊張感のある顔」と、内部の「リラックスした顔」をいかに分けるか、という点になります。

そもそも私たちは、帰宅し、くつろいで、就寝するという順番で、究極のリラックスである眠りに向かって、外で緊張していた感情を徐々に緩めていきます。

朝は逆に、起床から、朝食、出かける準備、出発という流れになっていて、リラックスした状態から徐々に緊張感を高めていきます。

この感情の流れは飛行機を想像するとわかりやすいかもしれません。空港にいる飛行機は、静かに飛び立つことを待っています。出発ＯＫの合図が出ると、徐々に加速して、最後には離陸し空へと舞い上がります。着陸はその逆で、空から地面に舞い降りて、減速し、停止します。

飛行機にとって空港の機能は、気持ちよく安全に離発着ができることに尽きるわけです。

私たちの住まいについても、同じように気持ちよく休めて気持ちよく外出できるように考えていきましょう。

まず、帰宅から考えてみます。玄関は、ソトとウチの接点です、帰宅は、ソトの価値を連れて帰ってきているイメージです。ソトでは、自分以外の価値と大いに接触していて、心が乱れ、相当疲れているかもしれません。その外部の良くないエネルギーのようなものをウチに持ち込まないようにするための大切な砦が、玄関です。

帰宅すると、まず日本では靴を脱ぎます。このとき最初に足で触れるのが、玄関の床です。

ここで玄関マットについて考えたいと思います。靴を脱ぐ瞬間というのは、ソトとウチをしっかり分ける瞬間です。靴を脱いだ緊張感を、玄関マットがしっかりと受け止めてくれるかどうかで、感情の切り替えができます。

そのような重要な機能を持つ**玄関マットは、どんな気持ちで出ていきたいか、どんな気持ちで帰ってきたいかを考えて選ぶといい**でしょう。

明るく楽しい気持ちになりたいのであれば、華やかな柄を、落ちついた気持ちになりたいのであれば、モダンで落ち着いた柄を、それぞれ選んでください。もちろん、成長したあなたがどんな柄を選ぶかについても想像をめぐらせてください。

靴や傘の収納も大切です。靴が靴箱に入りきらずに、傘立てにコンビニのビニール傘が溢れてしまっていたりしませんか？　そこで暮らす家族以上の数の靴や傘が溢れないようにすることで、価値に対してスッキリ整理されます。

使わないものは、すなわちあなたの価値にとって不要なものです。価値に対して不要なものがあると、あなたは自分の価値を積み上げるゲームに集中することができません。気が散るのです。

騒々しい居酒屋で受験勉強に打ち込むことが困難なように、価値に対してコミットメントしていないものがあると価値を積み上げるゲームに集中できません。片づけの魔法を使うと、「おだやかになったね、といわれるようになった」のは集中する余裕を持つことができるようになるからです。

不要なものは、変わりたいあなたの足を引っ張ります。ですから、できるだけ、処分し、整理してしまいたいわけです。

玄関という境界線をしっかりと設計することで、あなたの価値は確実に整理されます。

少し想像してもらいたいのですが、一軒家には台所から直接外に出られる勝手口がついている場合が多いです。勝手口は便利ですが、ウチの人間がウチにいるときに使うものであって、外出する際にそこから出入りするようなものではありませんし。また、はじめて訪ねてくる客がいきなり勝手口からノックして入ってくることもまずありません。それをされると、家の中に土足で踏み込まれたような戸惑いがあるはずです。

やはり玄関というのは、ソトとウチの離発着をサポートする大切な空間なのです。

マンションによっては、玄関扉を開けたらすぐに寝室という場合もあるかもしれません。このような場合は、できればオープンラックなどを置いて視線を遮ることで、ソトとウチを切り分けるようにしたほうがいいだろうと思います。

大きな変わり目には儀礼を行い、境界線を引く

私たちは曖昧なものを曖昧なままにしておくことが苦手です。ウチなのかソトなのかという空間的な曖昧さも当然苦手ですが、時間的な変化する状態の曖昧さも苦手です。

最も苦手なのは、死を受け入れることです。コンピュータであれば、死をゼロコンマ1秒以内に簡単に理解できるかもしれません。しかし私たち人間は、最愛の人を亡くしたり、大切なペットが死んだりしたとき、頭では死を理解できるかもしれませんが、感情や生活は簡単には安定しません。

そして、どんなに時間が経っても、死によって生命の尊厳が消滅したと考えることは、基本的にはありません。

私たちは遺体を、決して生ゴミとして扱いません。生命が死んだのだから、これは物であると考える人がいてもいいようなものですが、そんな人はまず稀です。これは、法的にそのように処分できないからというだけでなく、感情がそのように対応することを許さないからです。仮に、そのように対応したり、されたりしたときには、遺族や関係者の感情は深く傷つきます。当たり前のことですが、遺体はゴミではなく、大切な何かであり続けます。

私たちの人間の営みは、決して物質だけで説明できるものではありません。遺体をゴミだと理解できないのは、脳の認知機能の問題であると論じることもできますが、そう論じてみたところで意味がありません。現に私たちは、遺体をゴミとは認知しない文化的枠組みの中にあるからです。

このような枠組みの中で生きる私たちにとって、葬式という儀礼は、遺体をゴミとして捨てなければならない苦痛から守ってくれる大切な装置として、死を段階的に受け入れて、遺体の尊厳を最大限に守るように設計されています。

冠婚葬祭に代表される儀礼は、いずれも変化の節目に行われて、その変化を受け入れやすくするための式として執り行われています。冠婚葬祭の冠は成人式、婚は結婚式、葬は葬式、祭は盆や法事などのご先祖さまを祭るさまざまな行事のことです。

冠婚葬祭に代表される大きな変化のタイミングでは、当人にとっても周囲にとっても、どのようにその人を扱ってよいかわからない曖昧な状態になりがちです。曖昧さは混乱を生み出し、心をかき乱します。そこで、式を行うことで曖昧な状態を再定義し固定するのです。冠、婚、葬の3つは、まさにその通りの儀礼です。

祭においては、式のもう一つの機能がより強調されます。それは、ハレという状態の体験です。日常生活を単調に過ごしていると、エネルギーが枯渇した状態になります。ケ（気）が枯れた状態、すなわちケガレた状態です。

そこで、ハレの日の儀礼を執り行うことで、エネルギーを取り戻そうというわけです。部活動などで、毎日の練習の成果を発揮するのはハレの舞台である大会です。特別なエネルギーが充足する時間ですし、生きる意味となり得るものであります。

私の地元は祭りが盛んな地域なのですが、祭りを一年の楽しみとして生活している人の話をよく聞きます。ただ生きるのではなく、ハレの日があるから頑張れるのです。

本来祝日は、休日と違ってハレの日を祝ったり祈ったりするために儀礼を執り行う日です。こどもの日に兜を飾ったり、ひな祭りにひな人形を飾るのも、特殊な日であることを強く意識させる儀礼の一つです。そして、そのような儀礼もまた、私たちの生活を彩り、生きる活力を与えてくれます。

式の、変化していく曖昧な状態を再定義すること、そして活力を与えるために行われるという機能的側面は、私たちが現代を生きる上で大きなヒントになります。

玄関という境界線の設計も、ソトからウチへと変化する感情をつくるための式そのものです。

ちなみに、私の専門であるスピーチも式には欠かせないものです。入社式や表彰式など、多くの場面でスピーチが行われます。そもそも言葉のことを典といい、言葉による式のことを式典といいます。リーダーの言葉によって節目を明確にし、新たな気持ちで次に行くための大切な儀式です。

部屋の整理整頓でノイズを消す

儀礼と節目の話から、住まいの話に戻ります。玄関を抜けたら、次は部屋です。部屋で価値をつくり出すときの順番は、「①ノイズを消す」、「②装飾」という流れで行います。あまり詳しく書くと、インテリアの本になってしまうので、あくまでここで論じることは一般的なレベルにとどめます。

しかし実際に私がホテルやオフィス、住宅のモデルルームなどの大きな空間を考えるときはもちろん、自分の部屋や友人の部屋をつくるときもまったく同じ方法によってブランディングを行っていますので、その効果は保証します。

部屋は、あなたの価値を最もよく表現している空間を目指すことになります。部屋に何もないミニマリストがよい、いや散らかっているほうがよい、いろいろな意見があると思いますが、価値を構築するという視点からは、どちらでもかまいません。

25歳で東証一部上場を果たしたリブセンスの村上太一さんは、上場した後、それまで住んでいた部屋よりも狭い8畳のワンルームに引っ越し、部屋には冷蔵庫もないそうです。派手に生活することに興味がなく、仕事に打ち込む時間が最も幸せというタイプだからでしょう。フェイスブックの創業者のマーク・ザッカーバーグも、今でこそ大豪邸に住んでいますが、大成功したあともしばらくは、非常に質素な生活をしていたことで知られています。

逆に、秒速で1億稼ぐ男として知られた与沢翼さんは、お金のかかる豪華な部屋に住んでいます。彼は、自分が稼げるのだという事実を他者に示すことで、お金を稼いでいるわけなので、言うなればお金を使うことも仕事の一部だからです。

どちらも、価値に対して極めて真面目に取り組んでいる結果、このような部屋になっているのだろうと思います。

さて、**価値を設計しようとするとき、最初にノイズになるものを排除するところから始めます**。自分にとって必要ないものをノイズとして取り除いていきます。まずは、モノを捨てることから始めましょう。箱を3つ用意して、必要なもの、必要ないもの、決められないものに分けて、それぞれの箱に整理できていない書類や本、衣類をどんどん放り込んでいきます。

一通り終わったら、決められないものをもう一度、必要なもの、必要ないものに分類します。最後に、必要ないものは捨てるかネットで売るなどして、処分します。

モノを捨てるだけでも、相当価値に対して整理されますが、もう少しノイズを構造的に減らしておきましょう。

次に気になるのがコード類です。ケーブルがごちゃごちゃしているのは、あまりよくありません。ケーブルボックスを使ったり、カーペットの下に通したりして、見えないように工夫します。電源コンセントのカバーが古くなっている場合は、百円均一で売られているものでもいいので、新しいものに取り替えましょう。

収納が足りていない場合は、収納を増やさないといけないのですが、平面にはなかなか広げられません。その場合、壁面収納を利用して縦に収納を増やすとよいでしょう。

最近は、普通の棚、突っ張り棒で増やす壁面収納、ホッチキスで壁に固定できる収納棚など、さまざまな製品が売り出されていますし、安価にオーダーでぴったりの棚も作れるようになりました。収納が足りないときは積極的に増やしたいところです。

さらに、情報へのアクセスをよくするために、どこに何が入っているのか、整理分類して収納しましょう。

できれば、今使っているもの、使う頻度が少ないもの、季節モノ、思い出の品、重要書類に分類して収納してください。使う頻度が高いものほど、アクセスのよい場所に、使う頻度の低いものほどアクセスが不便な奥まった場所にしまうようにするとよいでしょう。

こうして、**すべて収納することで、ノイズの大半はなくなります。**

念のための補足ですが、研究者タイプに多いのが、散らかっている方が落ち着くという性格の人です。それはそれでよくて、相対性理論を発表したアインシュタインはすごく散らかしていたことで有名でした。

これは私の経験ですが、大学の研究室などで教授と話をしたりすると、一見散らかっているのに、スルスルと必要な情報が取り出されてきます。不思議なものです。情報は散らかしているように見えるだけで、実はグルーピングされ整理されているようです。

芸術家の部屋も同じような印象を受けることが多いですから、クリエイティブな職業の人は、単に整理すればよいというものでもないようです。

とはいえ、もちろん、クリエイティブな人の中にはものすごくきれいに整理整頓する人もいます。

人気お笑い芸人のラーメンズ小林賢太郎さんは、膨大なメモや情報をラックにビシっと整理して、お笑いを考えるタイプです。クリエイティブな仕事は、やったことがない人から見れば発想が勝負に見えるかもしれないのですが、実はロジカルにコツコツつくるものが大半です。整理整頓は、そのようにパフォーマンスを高めるための基本になります。

部屋を飾り、未来への価値を高める

ノイズを消すための作業が終わったら、次は楽しい飾りつけの作業です。**あなたが目指すべき価値を象徴するアイテムを揃えていきます。**

もし、家具を買い換える余裕があるのであれば、今の家具を入れ替えていきましょう。

あなたが目指す人物の暮らし方を研究して、おそろいの家具にするのもいいかもしれませんし、インテリアの本を開いて参考にしながら自分好みの部屋をつくってもいいでしょう。

部屋のつくり込み方のごく基本だけ紹介します。

まず、曲線が増えるとヨーロッパ風のエレガンスな部屋に仕上がります。もし部屋にポスターを飾るのであれば、額には彫刻が施してあるようなものが似合うだろうと思います。

一方で、直線が増えるとスタイリッシュでモダンな印象に仕上がります。丸テーブルは優しく、四角いテーブルは厳しくなります。四角いテーブルも角を丸めていくに従って、より優しい印象になります。かっこよく暮らしたい空間や緊張感がほしい空間ではエッジを立てて、リラックスしたい空間や子育てのしやすい空間にしたいときは、角を丸めた家具がいいでしょう。

色も大切です。家具全体の色は明るめか、暗めか、基本的には統一したほうが見た目がスッキリします。

明るい木目の家具を中心にすると、空間が明るく華やかになります。暗めにすると落ち着いた雰囲気になります。赤、青、黄、緑などの色はアクセントカラーとして使いやすいです。

基本の明るさが決まったら、アクセントカラーも一応なにをベースにするか決めて、ベースカラーに色を乗せていきます。もちろんベースカラーに赤や黄色を使う方法もありますが、上級者向けですので、ここでは控えます。

アクセントカラーは時計、観葉植物、置物、ファブリック、ライト、ポスターや絵画など、装飾品を中心に考えます。このような小物は趣味性が現れやすいアイテムです。

なりたい自分がシンプルライフだという人は、シンプルな、個性重視の人は色柄の強いものを選ぶといいでしょう。特に時計は、時空間を支配するアイテムですから、3年後の自分がどんな時計と共に生活しているかを考えて、投資してみるのも悪くないと思います。

また、思い出の写真や子どもの絵なども、あなたの価値を高めてくれるとても重要なアイテムです。**過去のよかった思い出は、あなたを癒やし、未来への活力を与えてくれます。**

飾るための小物を一切置かないというミニマル志向の部屋も、個性的で面白い空間になるかもしれません。

日本の伝統的な価値に、ワビサビがあります。ワビサビは、侘び寂びと書きます。侘びしいとは、質素であること。寂しいとは、生命力の衰退する様子です。豪華絢爛な生活ではなく、この侘びしく寂しい空間にこそ、最大の美があるという発見をしたのが千利休です。近年流行っているミニマリストは、この流れにあるのかもしれません。

しかし、注意したいのが、ミニマルな空間は意外に難易度が高く、単にモノがないだけの、文字通りの意味でとにかく寂しい空間になりがちです。

侘び寂びを体現した茶室は、モノがないことで逆に緊張感がみなぎり最高にカッコいい空間を実現しているわけですが、単に何もないわけではありません。この梁に使われている枯木は鹿児島から、この床材は静岡から、というように、一見地味な空間のようでいて実はこだわり抜いた部材を各地から取り寄せているなど、計算し尽くしてつくり込まれています。それゆえに、なにもないのにものすごくカッコいいのです。

例えば、現代のマンションでワビサビを実現するのは結構難易度が高いかもしれません。上級者はそれでもミニマルでスタイリッシュな空間を構築できるかもしれませんが、素人には難しいでしょう。

自分のライフスタイルと目指すべき方向がミニマル、かつスタイリッシュで一致している方は目指してもよいと思いますが、万人が目指すべきものではありません。

住まいをデザインし、
あなたの価値をつくる

「憧れのあなた」に近づくために、教養をデザインする

あなたがあなたらしく魅力的になるためには、服装や住まいの次に、あなたが経験するべき体験や教育もデザインしなければなりません。インテリアや服装よりも、実はこちらのほうが大切です。

インテリアや服装によって、自分の目指すべき世界観がはっきりしたら、後は努力あるのみで、この努力によってあなたは、あなたの憧れるあなたになっていきます。

あなたの憧れるあなたは、どんな教養を身につけて、どんなことを普段しているのでしょうか？

たくさんの本を読んでいる人もいれば、一冊も本を読まない人もいます。理数

系の本を丁寧に読み続ける人もいれば、ファッション雑誌を毎週欠かさずチェックする人もいます。中には漫画や小説を積極的に読むビジネスの天才もいます。

年収1億円はあるクライアントが、「漫画の主人公の通りに生きればいいんです。実生活で脇役っぽい人は、漫画の脇役のように生きています。活躍している人はやっぱり主人公のように生きています。だから漫画を読んで、主人公のように生きればいいんです」と話してくれました。

また、ある上場企業の経営者の中には「私は、ビジネスに必要なことは全て『銀河英雄伝説』（ベストセラーSF小説）から学んだ」と、公言している人もいるくらいで、漫画や小説の影響というのは侮れません。

このように一見ビジネスと関係のなさそうな娯楽ですが、漫画や小説の影響を受けてビジネスに成功したという経営者は非常に多くいます。

なぜ、このような娯楽が役に立つのかというと、憧れを提供してくれるからです。私たちは、あのようになりたいと思うことで、そのようになるための努力を自然と始めるようになります。**漫画は娯楽であると同時に、人生を方向づけるよ**

うな基礎教養としての側面も持っています。

あなたの憧れるあなたは、漫画や小説、映画やアニメなどの影響を必ず受けます。そして、その影響であなたの未来が大きく変わっていきます。

もちろん、スポーツ、歌、ダンス、アート、格闘技なんでもかまいません。そういった一見趣味の範疇に見えるものも、あなたの自信や価値、そしてコミュ力に直結する教養になっていきます。あなたの憧れるあなたを目指して、日々教養を積み重ねてください。

価値にコミットして、行動と体験もデザインする

体験もまた、あなたの価値を高めてくれる糧になります。

例えば、旅行やショッピング、ドライブや映画など、さまざまな体験をしに、

私たちはいろんなところに出かけます。

このとき、あなたはあなた固有のまなざしでこれらの体験を経験します。誰もが体験するようなことでも、その体験をどう経験するかは、あなた固有のものです。

例えば、現代アートの美術館に行ったとして、ガラクタの寄せ集めとして経験する人と、非常に知的で面白い芸術として経験をする人がいます。体験は同じでも、経験していることが違います。

何を経験するかは、何の価値にコミットしているかによって変わってきます。

お笑い芸人のことを想像するとわかりやすいかもしれません。

お笑い芸人は、私たち一般人と同じように生活しています。それは普通の生活のはずですから、そんなに面白いことが頻繁に起こるわけではないはずです。

にもかかわらず、お笑い芸人たちは、バラエティー番組の中で日常生活に潜む面白いエピソードをどんどん紹介していきます。なぜならば、彼らはお笑いという価値にコミットしているので、「何か面白いことはないのか」という目線で世の中を見ているからです。そのため、普通の生活を、面白いこととして経験することが可能なのです。

さらに、お笑いにコミットしていることで行動が変わるということも往々にしてあります。

「真冬に友人を誘って滝行に行ってみる」なんていうことは、普通の生活の中では思いつきません。しかし、何か面白いことをしたい、という思いがあれば、このような行動をすることがあり得るかもしれません。

滝行は本来、精神修養のためのものですが、お笑い芸人の目線からは別の体験に映ります。体験は、本当に人それぞれで、価値に対して固有なのです。

こうして、**価値にコミットしながら、さまざまな体験を固有のまなざしで経験することを通して、あなたの価値はより磨かれていきます。**

体験であなたの価値を磨く

ハードからソフトまで、あなたの価値を整える

本章では、あなたが憧れるあなたを中心に、あなたの生活を整理整頓していきましょうという話をしてきました。そして、整理整頓にあたっては、あなたの価値に対して、変化の少ないところから重点的に攻めることで、自然とコミュ力が高まると説明してきました。

ここで紹介した方法で、最も変化が少ないのは部屋です。建築やインテリアは一度決まるとそうそう変化するものではありません。毎日同じ家具、同じレイアウトで生活を送ることになります。

次に服装です。日々着替えが必要という点で変化はありますが、何を着るかはあなたの価値を表現する具体的な手段です。

そして、日々の教養や体験です。目に見えないものですが、あなたの価値を確実に洗練させてくれます。すぐにはコミュ力に反映しないものの、確実にあなたのコミュ力を底上げしてくれます。

このように、**ハードからソフトまで、あなたの価値の整理を通じてコミュ力にアプローチしていくこと——それこそが絶対にリバウンドしないコミュ力トレーニング**になるのです。

最後は、次章で議論する「話し方2・0」です。

話し方は、スキルとして身につけることで、強力な武器になりますが、筋力トレーニングのように訓練し続けないと、すぐにスキルは衰えてしまいます。

しかし、本書で紹介する「話し方2・0」は、表面的な技術や細かいテクニックを覚える必要はありません。大切なのは話し方に対する考え方を「コミュ力2・0」にアップデートすることです。

その点では、あまり気負いせずに次章を読み進めてください。

コラム

3

稼ぐ人はなぜ、長財布を使うのか？

計26万部のベストセラーになった亀田潤一郎さんの『稼ぐ人はなぜ、長財布を使うのか？』（サンマーク出版）は、長財布の購入をすすめる本ではなく、お金の出入り口である財布の中をあなたの生活習慣に合わせて整理することで、お金が貯まっていくという内容が書いてあります。お金の習慣の象徴として財布があるというわけです。

バッグにこだわることも基本的に同じことで、習慣の象徴としてのバッグがあるのです。

ちなみに『稼ぐ人はなぜ、長財布を使うのか？』では、財布も含めた買い物は「節約したければ高いものを買いなさい」とすすめています。これは、安いものを買っても結局高いものがほしくなるので、だったら安物買いの銭失いをしないように高いものを買って節約しましょうという話です。

　これも一理あると思うのですが、本書の立場では、価値にコミットしているのであれば、どちらもでもよいことになります。テレビで活躍しているある経済学者が、多重債務に陥っていることに気がつき、この状況を変えて節約するために、財布を100円均一の店で購入して使っているという話を聞いたことがあります。これは、財布代を節約するためではなく、人前で気前よくブランド物の財布を取り出すことを抑制するためだそうです。100円均一の財布では、恥ずかしくて取り出すことができないと言っていました。

　大切なことは、モノを通してあなたの価値を最大化してくれるものを使うことだろうと思います。カッコよくて高価なものだけに、価値があるわけではありません。

4章

相手の心を動かす「話し方2・0」

正しい話し方は一つではない

本書では、初対面の相手とは共通点を3分以内に10個見つけましょうというような、表面的に相手と仲よくなる技術には触れません。

「コミュ力2・0」を身につければ、表面的なハウツーに頼らなくとも、十分社会的に通用し、価値の提案を通して他人の心を響かせることができるようになるからです。

ここまで読み進めてくださったあなたであれば、もうおわかりいただけると思うのですが、**「正しい話し方」というものはありません。**

アナウンサーの洗練された話し方も、お笑い芸人の元気な話し方も、アイドルのカワイイ話し方も、テレビで活躍するオピニオンリーダーたちの切れ味鋭い話し方も、すべて正解です。

どの話し方も個性豊かで、すばらしいのです。ビートたけしさんが、アナウンサーのような話し方をしても変ですし、アナウンサーがビートたけしさんのような話し方をしても変です。


では、どのような話し方を目指せばよいのでしょうか。もし正解があるとすれば、**自分の価値に近い、「あなたがなりたい憧れの人」の話し方を真似る**ことに尽きます。

もし、あなたが映画の主人公のような人生を歩みたいと思うのであれば、好きな作品の登場人物のような話し方を身につけるべきです。あるいは、超一流のサポート役として大成したいというのであれば、そのような話し方を目指すべきです。

話し方に正解はない。あなたが憧れるあなたになって立ち居振る舞うことが正解です。

そうはいっても、現実にはいきなり映画の主人公のように行動し、セリフのようなカッコイイ言葉を使って相手とコミュニケーションをとるのは、非常に難しいと思います。

そこで本章では、コミュ力2・0の時代、これからのコミュニケーションのベースとなる話し方、「話し方2・0」を紹介したいと思います。

コミュニケーションの基本は、言葉を相手に投げることと、キャッチすることです。まずは「キャッチする力」を高める方法について考えていきます。

キャッチする力①
相手の言いたいことを理解する

まずは、**相手の言っていることを理解**しなければなりません。

相手の言っていることを理解するというのは、それほど難しくないと感じるかもしれません。

しかし、それでも勘違いするのが人間というもので、正確に相手の言っていることを理解するのは実はなかなか大変です。


ここでは、言い換えのテクニックを紹介します。

例えば、「すみません、（地図を指差しながら）ここに行きたいのですが？」と道を聞かれたときに、「ここですか？」と返事をするのではなく、「ああ、近くのレストランですね」というように相手の言った言葉を自分なりに理解できたものに言い換えて返事をします。

このように**言い換えることで、「私はあなたの言っていることを理解していますよ。安心してくださいね」というメッセージを相手に伝えることができます。**

また、もし理解を間違えていても「いいえ、近くのデパートなんですけど」と相手から返事をもらうことができます。すると、自分の理解を修正して「ああ、デパートのほうですね。そしたら、こっちではないですか？」と誤解のないコミュニケーションを返すことができます。

このような言い換えには、投げかけられた言葉をそのまま受け取るだけでなく、言葉の向こう側にある、相手の「言葉にできていないけれど本当に言いたいこと」を理解するためにも役立ちます。

キャッチする力②
相手のやりたいことを理解する

言っていることを理解する、これだけでも本当は難しいのですが、コミュニケーションは言葉を理解し合うだけでは成立しません。

言葉の向こう側にある、**「本当に言いたいこと」のさらに向こう側、すなわち「本当にやりたいこと」を理解してはじめて、ようやく相手を満足させられるコミュニケーションをとることができるようになります。**

道を聞かれて、デパートに行きたいことまではわかりました。

しかし、ここでデパートへの行き方を教えて終わってはいけません。

こちらから質問を投げかけ、話を膨らませましょう。

「お友達にお土産ですか？」とあなたが質問したとします。すると「いいえ、彼女へのお土産です」と相手が返事をします。これで、彼女へのお土産であることがわかりました。その情報をもとに、さらに質問してみましょう。

「ああ、そうなんですね。きっと喜ばれますね。彼女は何が好きなんですか？」

「チョコレートです」

と、ここで重大な情報が得られました。つまり、この人が本当にやりたいことは「彼女へのお土産に彼女の好きなチョコレートを買うこと」だとわかるのです。

そしたら、「チョコレートで有名なお店がここの近くにあるんですけど紹介しましょうか？」と切り返します。すると相手からは「ぜひ、お願いします！」と返事がきました。最終的に、デパートへの行き方ではなく、自分がオススメする近くのチョコレート屋さんを案内することで、相手に喜んでもらうことができました。

整理すると、

1：相手が言ってきたこと⇓「ここに行きたいのですが？」

2：相手が本当に言いたかったこと⇓「デパートに行きたい」

3：相手が本当にやりたかったこと⇓「彼女のお土産にチョコレートを買う」

となります。

もし、1でコミュニケーションを終えていたら、地図の場所にあるレストランへの行き方を案内してしまうところでした。

また、2で終わっても、デパートへの行き方を教えてあげることで相手の目的である「チョコレートを買う」ことはできたはずですが、あなた自身は情報を提供するだけで、相手に＋αの価値を提供できていません。

一歩進んで、3「相手が本当にやりたいこと」を質問によって引き出し、それに答えることで自分の情報で＋αの価値をもたらすことができるのです。

言葉の向こう側をうまく聞くことができたので、相手が本当にやりたいことを理解し、本当に必要な案内ができました。

キャッチする力③ 相手のやりたいことに共感する

②までのレベルでは、相手の役に立つために、相手から情報を引き出して提案してきました。ここまで到達できれば、コミュニケーションとしては大成功といえます。

しかし、話し方2・0はここで終わりません。さらに高いレベルのコミュニケーションに至るには、**相手のやりたいことに「共感」する**ことが必要です。

とはいえ、そんなに難しいことではありません。

共感するというのは、相手が嬉しそうにしているときは、「嬉しいね」と言い、悲しそうにしているときは「悲しいね」と言うなどして、言葉を通して相手の感情に寄り添うことです。

このようにして感情に寄り添う言葉をかけられた相手は、嬉しいときはより嬉しくなり、悲しいときはその気持ちが軽減します。

道案内の例でいえば、チョコレート屋さんの情報を伝えた後に、「とってもおいしいので、きっと喜んでくれますよ」と声をかけます。すると、その男性は「彼女を喜ばせたい」という自分の感情にあなたが寄り添ってくれたことに感謝をして、チョコレートを買いにいくのがより楽しみになるはずです。

また、感情を言葉で表現すると、その感情を意識の俎上にのせることができるので、ある程度コントロールできるようになります。

感情と意識は、「象」と「象使い」の関係にあると社会心理学者ジョナサン・ハイトは『社会はなぜ左と右にわかれるのか』（紀伊國屋書店）で論じています。象使いは、圧倒的なパワーを持つ象の意思を尊重するしかなく、普段は暴走しないように飼いならしているにすぎないとしています。

コミュニケーションのために感情をコントロールするとき、ポイントになるのは意識（象使い）にアプローチすべきか、それとも感情（象）にアプローチすべきかという話になります。

意識（象使い）にアプローチすることで、感情（象）としてはあまり乗り気ではなくても、その力を借りながらパフォーマンスを行うことはできます。しかし、心から望んでいることではない以上、パフォーマンスの質は下がります。

一方で、感情（象）にアプローチし、心からそれを望んだ状態で、意識（象使い）と一体となって、より強い表現をした場合、そのパワーは圧倒的に大きなものになります。また、コントロールも楽なはずです。

つまり、**コミュニケーションにおいては、「感情」に意識を向けることから話が始まります。**感情には自分のものに限らず、相手の感情も当然含まれます。

例えば、相手が怒っているときに「怒らないで冷静に話しましょう」と意識にアプローチする言葉を投げかけても、相手も感情のほうが暴走しているので受け取ることができません。

それよりも、「怒りたくなるのも無理はありません」「気分を害されるのもごもっともです」などの言葉をかけることで、「あなたが怒っていることに私は共感しています」というメッセージとなり、相手も自分の感情に意識を向けることができるのです。

大切なのは、相手の感情を言葉にして寄り添うことです。

キャッチする力④ 相手の言動を承認する

キャッチする力の最後は、承認です。

承認にもいろんなレベルがあります。実は、**相手の感情に寄り添うだけでも、既に承認ができています。**「チョコレートをお土産にするなんて、素敵ですね！」という言葉をかければ、共感であると同時に承認になります。

承認とは、相手の言動に対し、単に「いいね！」と自分が価値を感じていることを伝えることにすぎません。ですから、表面的な承認であればとても簡単です。

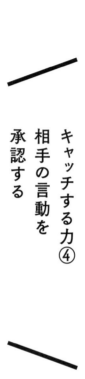

しかし、相手の価値を受け取り、それに自分が心から高い価値を感じたことを伝えること（ここでは「超いいね！」と表現します）は、なかなか難しいです。

それは、相手が長年努力してきていることや、強いこだわりなどを理解した上での承認が求められるからです。表面的な言葉で「いいね！」と言ったとしても、相手の言動に対する深い理解がないままでは少し話しただけで「こいつわかってねえなあ」と相手にバレてしまいます。

ですから、**「超いいね！」と相手を承認するときには、相手のことを深いレベルで認めるための事前の情報や教養が求められます。**承認もハイコンテクストになるわけです。

先ほどの例でいえば、すごく急いでいるなかでお土産を買おうとしていたことがわかったうえで、「僕は忙しいといつも空港で済ませちゃうんですよ。本当にすばらしいと思います」とすれば、「超いいね！」になります。

わかりやすくするためにもう一例、深いレベルでの承認についてフィギュアスケートを例に考えてみます。

ある選手がノーミスの完璧な演技をして拍手喝采を浴びました。これも「超いいね！」に見えますが、このレベルでは「いいね！」をたくさんもらっただけです。「超いいね！」を言える人は、例えば選手に寄り添ってきたコーチです。彼は、選手がいつも失敗するジャンプを跳べるようになるために、どれだけ努力して大会に望んでいるのかを知っています。その涙ぐましい努力の末の成功に対して「すばらしかったよ」というひとことが、「超いいね！」に相当します。

また、この涙ぐましい努力をニュースなどで知っていたファンにも「超いいね！」と言う資格があります。

深いレベルの承認には、コンテクストとなる情報が必要というのは、こういうことです。

この、④の承認まで行うことができれば、コミュニケーションを築いていく土台、つまり信頼関係が完成したことになります。

話し方2.0の基本は、
信頼関係をつくること

相手の意見からズレる前に信頼関係を築く

相手に共感すること、承認すること、これがキャッチする力の基本になります。

とはいえ、コミュニケーションの相手が必ずしも共感したり承認したりできる相手ばかりだとは限りません。「それどうなの？」と違和感を感じることがあったり、「何がよいのかわからない」と共感できないこともよくあります。

しかし、コミュニケーションの糸口の基本は共感と承認です。たとえわかり合えない相手に対しても、まずはなんとか共感と承認をし、信頼関係を築いてからコミュニケーションを始めたいわけです。

一流のアスリートの監督やコーチが、「すばらしい！　でも……」とコミュニケーションを始めるのはそのためです。まずは、相手が努力していることを認めることで、コミュニケーションの土台を築き、信頼関係をつくります。**信頼関係**

を築くことで、相手は自分と異なる意見に対しても聞く耳を持ってくれます。

そのうえで、現実としては選手のプレイやパフォーマンスがうまくいっていないので、監督やコーチは「今のままではダメなので、こうすべきだ」と選手に伝えるわけです。

つまり、本音を話して、「私とあなたは違う考えを持っている」ことを伝える前に、必ず共感と承認が必要となるのです。そうしなければ、結局相手の心には届かず、たとえ内容が伝わったとしても、相手のその後の行動や考え方に影響を与えることはできません。

議論に勝つための攻撃的なコミュニケーション

相手の言葉を理解し、本当にやりたいことを聞き、共感、承認すること。それによりコミュニケーションの土台となる信頼関係を築くこと。そのうえで、相手と違う自分の意見を伝えれば、相手も聞く耳を持ってくれる、と説明してきました。

しかし、信頼関係が十分に築けていなかったり、自分の意見が相手に受け入れられなかった場合は、相手と議論になる可能性もあります。

もちろん、意見をぶつけ合い、相手と考えを醸成していく議論自体は、コミュニケーションとして非常に有効です。

ただし、議論の中で「結論」を出す必要があり、さらに「自分の意見」か「相手の意見」のどちらか一つしか選ぶことができないということもあります。つまり、議論に勝ち負けがつく場合です。

議論に勝つことは、2章に書いた通り、コミュニケーションの目的ではありません。しかし、どうしても相手の言い分が認められないときはあると思います。そこで、相手との議論に勝つための方法を、コミュニケーションの最終手段としてここで紹介しておきます。

議論に勝つために最も大切なポイントは、相手より説得力のあるアイデアを持つことではありません。相手よりも自分のほうがよいアイデアであったとしても、相手はそう思っていないので負けを認めることはまずありません。

また口が達者だったとしても、議論に勝てるわけではありません。客観的に見て相手より言葉で上回っていることが明らかな場合でも、相手は別の表現を探し続けたり、「そもそも別のことが言いたかったのだ」と意見そのものをズラしたりし始めます。

相手が負けを認めない限り、議論の勝ち負けははっきりつけられないのです。そこで、「負け」という状態をつくり出すことが必要になります。そのために最も不可欠なのが、「コミットメント」です。

そもそも言葉というのは、とても曖昧なものです。話している本人も明確に言いたいことが脳の中で整理されているわけではありません。漠然とした考えのまま、自分は何を伝えたいのかを、話しながら整理しています。これは、世界を代表するようなトップリーダーであっても同じです。

ですから、議論をするうえでもまず行いたいのは、**相手に共感を持って聞きながら、相手の言葉の向こう側のやりたいこと、考えていることを質問によって聞き出す**ことです。

道案内の例に当てはめると、「ここに行きたい」から「デパートに行きたい」、そして「彼女のお土産においしいチョコレート」を買いに行きたい、という具合に、相手に自分の考えていることを宣言させることが大切です。

相手が本当の考え、やりたいことをはっきりさせ、宣言したら、議論に勝つチャンスです。

ここが大切なのですが、その相手の宣言を繰り返し、念押しして確認してください。つまり、「ああ、チョコレートを買いに行きたいということですね？」と問いかけるのです。ここまでのコミュニケーションが丁寧に行われていれば、相手は「はい」と答えるはずです。

これでコミットメントは完了です。相手は逃げ場がなくなって、「私はチョコレートを買いに行きたいのだ」という意見を固定させるしかなくなりました。

先程の例では議論をせず、問題解決型の提案を行い、デパートではなく近くの有名なチョコレート屋に行ったほうがよいと返していました。相手は、自分のやりたいことが明確になっているので、問題が解決してスッキリするはずです。

一方で、仮にこのシーンにおいて相手を議論で打ち負かす場合を考えてみましょう。それはつまり、相手の「チョコレートを買いに行きたい」というコミットメントを崩し、自分が主張する別のものにコミットさせるということです。

そのためには相手がコミットしていることや、相手の言葉を使いながら、攻撃的な口調で「でも、本当にチョコレートでいいんですかね？」「チョコレート以外によいものがあるのではないですか？」など、質問を繰り返して、相手のコミットメントを揺さぶります。

「本当にそれでいいのか？」という質問を浴びせられ続けて、「それでいい」と断言するのは、意外なほど難しいものです。質問を浴びせられ続けると相手はどこかで返答に困り、「たしかにチョコレートは溶けるかもしれないし、他のものでもいいいかもしれない」と考えが揺らぎます。

そのタイミングで「ということは、チョコレートではなくて溶けないもの、例えばクッキーでもいいってことですよね？」など論理を整理しつつ「あなたの考えは不十分で間違っている」ことを、明らかにしていきます。

仕事でもプライベートでも、何かをするときに考えるべきポイントや想定するべき事態は無限にあるので、完璧な回答というのはまずありません。相手に質問を重ねることで、相手は自分の考えに甘いところがあることに気がついて、訂正するしかなくなります。

例えば、人と会うために使うレストランはどこにして、何を食べるべきか、という課題は結構難しいものです。値段、メニュー、好き嫌い、本当に喜んでくれるか、など考えることは山のようにあります。

ある投資家の方から話を聞いたところ、接待をするのに、銀座のオーナーシェフと3カ月前から打ち合わせを行うそうです。そして接待を受ける側の好みや出身地、その接待の意味づけなどからレシピを相談して、何度もリハーサルの食事を行ってから、当日に臨むと言っていました。単に人と会って食事をするというだけでも、突き詰め始めると無限に考えるべきことがあるのです。

議論に勝つために質問をして、相手の論理を整理しつつ、相手の逃げ道を断ったうえで、相手の言葉を使って、批判や反論を浴びせる。これは、本当に攻撃的な

議論に勝つ
攻撃的コミュニケーション

コミュニケーションで、高額商品の販売、カルトの洗脳や、危険な自己開発セミナーなどでもよく見られます。

たしかに強力なコミュニケーションですが、この方法は相手を服従させるための手法であって、コミュニケーションを通して何かを生み出すことにはつながりません。繰り返しになりますが、こうしたやり方は、どうしても議論で勝たなければいけない状況に陥ったときに最終手段として使うべきテクニックです。

私たちが目指す「コミュ力2・0」は価値の交換を通して、価値をつくり出すことです。何の価値も生み出さないコミュニケーションはできるだけ避けるのが賢明です。

本音を話すとき「嫌われる勇気」より大切なこと

ここまでは相手の言葉を聞き出したり、相手の言葉を利用したりする、「キャッチする力」についての話をしてきました。ここからは自分の意見を相手に伝えていく方法について解説します。

自分の意見を誤解なく相手に伝えること、相手に共感を持って受け入れてもらうこと、そのうえで協力してもらうというのは、とても難しいものです。

まず、思っていることを口にすること、このことだけでも大変です。会社や学校、家庭であっても、本当に言いたいことを自由に言える人というのは、ほとんどいないはずです。

では、なぜ本当のことを言えないかというと、それを言ったことで嫌われるかもしれないからです。

嫌われると、相手から攻撃を受けるリスクが高まります。また、無視されてコミュニケーションがそもそも成立しなくなってしまうかもしれません。場合によっては、職場や学校、家庭で居場所がなくなってしまうことさえあり得ます。

ですから、嫌われるリスクがあるような意見というのは、なかなか話せません。

それでも、リスクの高い話だけ口にしないのであればまだ大丈夫なのですが、問題は発言するリスクを恐れることが習慣化してしまうことです。ほとんどリスクのないような当たり障りのない意見でさえ次第に話せなくなってしまいます。

これでは相手の言いなりにしかなれず、価値をやり取りするコミュニケーションは成立しません。


それでは、言いたいことを自由に言えるようになるために、どうすればよいのでしょうか？

ものすごく単純に考えると**「嫌われる勇気」を持てばいいんだよ、**ということになります。

しかし、「嫌われても気にしない」メンタリティは少々努力しても持てるものではありませんし、そのようなメンタリティが備わっていないのに「嫌われる勇気」を持つのは自殺行為です。実際に嫌われたらものすごく苦しいです。

念のため断っておきますが、私は「勇気」を否定しているわけではありません。最終的にどんなに準備を重ねても、言ったり行動したりするためには勇気が問題になります。

しかし、勇気があればなんでも言えるはずだというのは、いきなりリングに上がってプロボクサーと殴り合えというようなもので、単に無謀です。勇気が問題になるのは、十分な準備ができた後なんです。

無理に嫌われる勇気を持たなくとも、もっと自然な方法で自分の意見が言えるようになる方法があるなら、そちらのほうが楽に決まっています。

その準備とは、**「十分な共感の醸成」**と、**「相手に対するポジションの設定」**です。

まず、十分な共感がなければ、「知りもしないでこいつは何を言っているんだ」と相手にされないのが落ちです。はじめに相手のバックグラウンドをよく理解していることを、聞くことを通して醸成しなければなりません。これは先述の「キャッチする力」を身につけることでできるようになります。

次の「相手に対するポジションの設定」についてこれから説明していきます。

頭を下げるとポジションがなくなる

相手に対するポジションの設定とは、**あなたが自分の意見を言うのにふさわしい人物であると、相手に認めさせること**です。相手があなたを認めてもいないのに意見を言ったとしても、たとえあなたの意見が正しいことであろうが聞き入れられることはまずありません。

ポジションというのは、普段からの行いや言動によって徐々に築かれていくものです。ですから、教養や体験をデザインし、自分の価値を持ったうえでコミュニケーションを図っていくことで、自然とポジションをつくることはできます。

ただし、ポジションを築くうえでNGな言動は多々あります。その中でも、最もやってはいけないのが、必要以上にペコペコ頭を下げることです。これは営業経験がある方に特に多いのですが、相手の価値に対してベタ褒めし、なんでも承認してしまうようなタイプです。

なんでも承認すると、承認の安売りとなってしまい、「この人によいと言われても何も感じない」とインフレが起きるため、相手との信頼関係を築くという機能を失ってしまいます。

また、相手には「こいつは何を言っても大丈夫なやつだ」と思われるので、自分の意見を言えるポジションが永遠につくれなくなります。

なかには、相手に徹底的に服従することで生きていくコバンザメ戦略みたいなコミュニケーションの形もあり得るのですが、それはコミュ力2・0が目指すものではありません。

さらに現代において、自分の意見や言うべきことを言わないで、服従によって仕事を取る方法は、もはや時代遅れかと思います。

頭を下げてしまうのは、自分に提供できる価値がないと思っているからです。そのため、相手にひたすらお願いし、同調することになってしまいます。

むしろ、行列をして並んでしまう有名店のように、お客様のほうが少々無理をしても合わせてくれるくらいの関係でなければ、相手に対して言いたいことを言うことはできないでしょう。

では、相手に対するポジションを設定し、言いたいことを言うにはどうすればよいでしょうか。

一つには、嫌われる「勇気」を持つことではなくて、嫌われてもかまわない「状態」をつくることです。

嫌われたら困る関係のままで、言いたいことを言った結果相手に嫌われてしまうと、それは本当に大変なことになる可能性があります。例えば営業先に嫌われてしまうと、仕事になりませんし、上司に嫌われてしまうといつまでも昇進できず辛い仕事が回されるかもしれません。

そこで、まず本音を言って万が一嫌われてもかまわないように、**物理的、精神的な安全地帯を持つ**というポジションのとり方があります。

例えば仕事に関する本音を言う場合。会社以外の副業収入を持つことや、転職に活かせそうな資格を取る、コネクションを築くなど、今の仕事以外で自分の生活を守ることが嫌われてもかまわない「状態」となります。

もうひとつ、コミュニケーションを取る相手にポジションを設定する方法は、あなたのバックグラウンドを明確にすることです。**「あなたが何者であるか、どのような経験をし、何ができるのか」を明確にすることで、発言力が増すのです。**

私たちは相手がどのようなバックグラウンドから言葉を発しているのかに対し、ものすごく注意を払っています。どこの会社に勤めているのか、何かの専門家なのか、仕事の実績、学歴、出身地、年齢、既婚なのか未婚なのか、子どもがいるのかなどなど、あらゆる情報が発言力の源泉になる可能性があります。

そして、バックグラウンドをもって相手に対するポジションを設定するがゆえに強力なメッセージを発信することができるのです。

例えば、本書を手に取ってくださったあなたも、著者である私が「スピーチライター」だから興味を抱いたのではないでしょうか。この本に限らず、言葉の創作性より書いてある内容に価値があるビジネス書の「著者プロフィール」は、小説や他のジャンルの本に比べると細かな肩書や過去の経験までビッシリと書かれています。それは、著者のバックグラウンドを明確にすることで、読者が「自分よりも明らかにこの分野ですごい人」という著者のポジションを設定することができ、結果として本の内容が響くものになるからです。

もし、著者プロフィールに名前しか載っておらず、どんな人が書いたのかわからない本であれば、たとえすばらしい内容でも、読者には読んでもらえないでしょうし、読んでも心に届くことはありません。

同じように、自分のバックグラウンドを明確にしないまま発言しても、「なんであなたがそんなことを言うの？」と誰も取り合ってくれないでしょう。

もちろん、バックグラウンドを明確にすることで、基本的にはそれを前提とした発言が求められるようになります。ある意味では、自分で明確にしたバックグラウンドに対し、責任が発生するのです。

すると、自由に本音を発言するためのポジション設定だったのに、逆になんでも自由に発言することができなくなるように感じるかもしれません。

たしかに、ラーメンの専門家になってから、ケーキについて語りたいと思ったとしても、誰にも求められません。そして仮にケーキに関する発言を自由にしたとしても、相手には響かないでしょう。

バックグラウンドに対する責任を持つことで、なんでも自由に発言することはできなくなります。しかし代わりに、ある特定のことに対する発言力は増します。そして、それを軸とすることで結果的に自由に発言できることが増えるのです。

例えば、ラーメン専門家というバックグラウンドを持つことで、もちろんラーメンに関する発言力は高まります。すると、ラーメンというポジションを軸にして、「人気ラーメン店のようにケーキ屋を繁盛させるには」という切り口からケーキについて語ることができます。なぜならば相手にとって「ラーメン専門家」というポジションが設定できているので、響く可能性があるのです。

こう考えると、**バックグラウンドを明確にすることで、強力なメッセージだけでなく、自由な発言も可能となっていきます。**

これからの時代のことを考えれば、副業などを持つことで、経済的制約から自由な発言ができなくなることを防止できますし、さまざまなコミュニティに参加することで、一つのコミュニティで嫌われてもかまわない状態をつくることができます。そうしたことが、言いたいことを言うには大切です。また、そのコミュニティに参加することが、そのままあなたの新しいバックグラウンドを形成するので、さらに相手に対するポジションが設定しやすくなり、さらに言いたいことが言えるようになります。

ですから、コミュ力2・0を身につけるためにも、コミュニティが一つしかないという状態はできるだけ避けて、本業、副業、勉強会、ボランティア、PTA、なんでもかまわないので、楽しく活動を続けられるところに顔を出し続けることをオススメしたいと思います。

相手に対しポジションを設定する

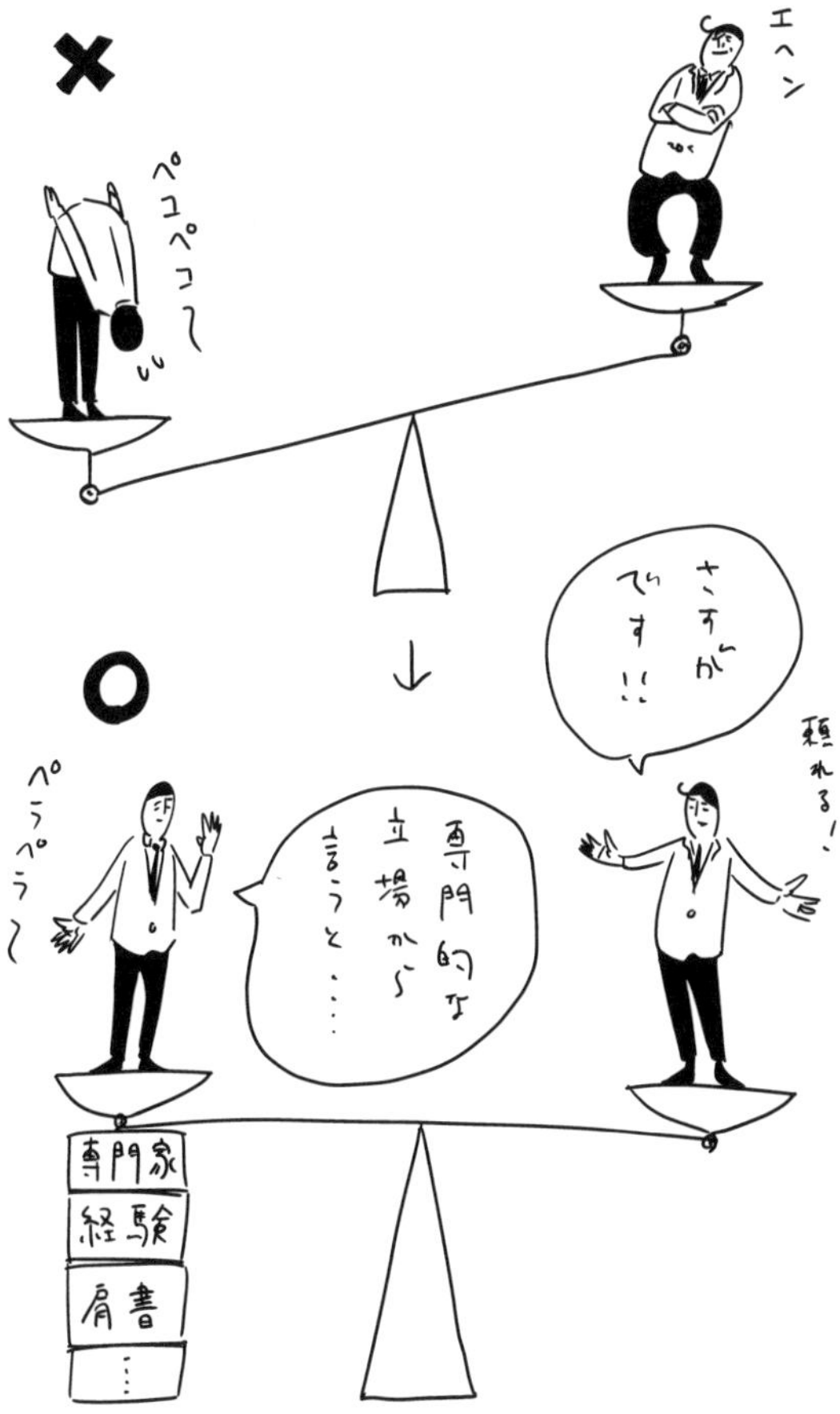

「変なこと言ってるかも？」が武器になる

さて、あなたは何か意見を言うときに、「自分の言いたいことは変かもしれない」と思ったことはありませんか？　また、「ちゃんと正解を話すことができないと馬鹿にされるんじゃないか」と思って、意見を言えないことがよくあるというかたも多いと思います。

しかし、本当はそのような**「他人に馬鹿にされそうな意見」こそ、あなたらしさがにじみ出ているすばらしい意見の可能性が高い**です。

心に浮かんだ本当は言いたいことこそ、本当に言うべきです。

「それが言えたら苦労しないんだよね」と思われるかもしれないのですが、これまで述べてきたようにポジションをちゃんとつくれていれば、言っても大丈夫なのです。

そして、実際に口にするためには「ある心構え」を持つだけで、すんなり言えるようになります。その**心構えは「私が話す言葉は、不完全である」**です。

これまでの社会常識では、何かを発言する際には完璧なアイデアを提案することが求められました。そして、発言してしまった言葉には、大きな責任が伴いました。例えばあなたがチームの外にひとことメッセージを発信する場合、チーム全員の同意が必要で、さらにはチームのリーダーの承認と、リーダーの上長の承認が必要で、それだけではなく関係部署への根回しが必要で……と、何かのメッセージを発信したり、商品を世に問うたりしようと思ったら、ものすごく労力がかかりました。そのため、間違うわけにはいかなかったのです。

しかし、今日そのような状況も変わってきています。商品は完成する前に、世の中に流通して、販売した後にソフトウェア・アップデートのような形でバージョンを書き換え続けるなんてことはザラです。そもそもソフトを販売するという考え方自体も既に古くなってきており、今ではソフトはクラウド化していて、クラウドサービスの利用権を販売する形にシフトしてきています。

つまり、販売後も社会状況の変化やユーザーの好みに合わせて変更を繰り返し、最適化を図り続けるサービスが主流になってきているのです。これは、変化する社会状況に合わせてどんどん商品をアップデートした方が、商品の持つ競争力が常に高くなるので、現代では当たり前の戦略となりました。

販売する商品のアップデートが激しい以上、それを裏で支える仕事の変化も激しくなります。またさらに、仕事ができるようになるための教育も、当然アップデートが前提となります。

このように、社会のあらゆる場面でアップデートが当たり前になった現代では、そこで使われる言葉も、マインドセットも、不完全な状態で外に出して、後からアップデートしていくものに、変わっていかなければなりません。

つまり、**正解に一気にたどり着くのではなくて、気軽にアイデアを話したうえで、それを修正していくスタイルが現代では求められている**ということです。

もし、あなたが勤めているのが伝統的な企業で、しかもあまり世の中の変化に左右されず、変わらなくてよい仕事なのであれば、言葉を慎重に選び、空気を読んで完璧な発言すること、あるいはそもそも自分の意見を言わないことが求められ続けるかもしれません。

しかし、もはやほとんどの仕事で、じっくり検討するよりもまずは試した方が早く結果がわかり、アップデートも可能な世の中となりました。そして、仕事の場面で使われる言葉も「正確であること」は求められなくなり、まずは何かしらの発言をすること、自分の意見を出すことが重視されるようになっているはずです。

これからさらに、言葉の正確性の代わりに求められるのは、言葉の熱意です。**やってみたいという強い思い、強い情熱がある言葉が重要になってきます。**

正確さは失敗を減らしますが、情熱は変化し続け目的を達成するための土台になります。

ですから、批判を恐れずに、「変かもしれない」と思ったとしてもどんどん口にしていきましょう。そして、批判されたときには、その批判を取り入れて、どんどん自分のアイデアに変更を加えていきましょう。

というより、**あなたの言葉はあなただけに責任があるのではなく、あなたとコミュニケーションをとっているメンバー全員の責任**です。サッカーのようにチームメンバー全員で言葉というボールをやり取りしていると考えてください。あなたの発言は、あなたが誰からボールを受け、誰にパスを出すかに左右されますし、その状況をつくり出したのはチーム全員です。たとえ、あなたの蹴ったボールが敵チームに奪われるように、あなたの言葉が伝わらなかったとしても、あなた一人がその言葉の責任をとる必要はまったくないのです。

批判せずに意見を述べるように注意する

あなたの話す言葉があなただけの責任ではないのですから、あなたは考えが浅いなどと責められる必要はありません。もし、誰かに責められたとしても、あなたは自分の不完全な意見と自分自身を分離することで、傷つかないようにしましょう。つまり、批判されているのはあくまで意見であり、自分が批判される理由はない、と考えておいてください。

そして、前提として「どうせ正解をいきなりしゃべることはできない」という、開き直りに近い感覚を持っておくことで、人からの批判のダメージを最小限に留めることができます。

もちろん同時に、あなたも相手を責めてはいけません。相手の考えに批判を加えるとき、目の前にある言葉に批判を加えるのであって、相手の人格を攻撃してはいけません。

相手の発した言葉を正面から否定すると、相手は自分の人格を否定されたように錯覚してしまいます。特に欧米のように意見を対立させることに慣れていない日本人であればなおさらです。

そこで必要になるのが、**相手の意見と人格の分離を図る**ことです。

意見が違っていた場合、まずは「○○さんの意見はよくわかります」といったん相手の意見に共感を示します。その後、「でも、こうもできると思うんですがどう思われますか？」と自分の意見をぶつけるのです。このとき180ページで紹介したアスリートの監督・コーチの例のように、まずは共感を示すことがすごく大切です。一度共感を示すことで、相手の人格を守ることができます。これがもし共感せずに、「〇〇さんの意見はおかしいです。こうできるはずです」と話したら、完全に人格を攻撃している印象になってしまいます。

本来、このように正面切って批判しても、もともと言葉と人格の分離ができているのであればかまわないのですが、日本人の文化にこのようにアイデアを正面から否定するというのはほとんどないので相手はどうしても人格を否定されたと受け取ってしまいます。

ちょっと丁寧すぎると感じるかもしれませんが、相手と意見が違うときは共感を示してから反論をするように心がけたほうがよいと思います。

また、185ページで述べたように、自分の論理をぶつけるのではなく、質問を繰り返すことで、相手の論理破綻を導くという手法も有効です。むしろこちらのほうが、相手が自分の言葉で自分の考えの修正を図るので、相手の人格をこちらから傷つけることがなく、安全で効果的に考え方の修正を迫れるかもしれません。

ただし、このときに攻撃的な言葉を使ってしまうと、結局「議論に勝つ」ことが目的となってしまいますので、注意してください。

「そもそも論」で議論のテーマを抽象化する

相手を攻撃するような議論は極力行わないようにしたいのですが、どうしても意見が対立し、膠着することはあります。また、対立していなくても議論が行き詰まって前に進めなくなったりすることもあるでしょう。

そのように議論が止まってしまった際は、**「テーマの抽象度を上げて価値を参照すること」で前に進む**ことができます。

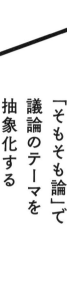

まず抽象度を上げるということについて説明します。

例えば議論をするにあたり、「カレーのトッピングは何がベストか？」というテーマはかなり具体的です。唐揚げが好きな人、チーズが好きな人、いやトッピングは邪道だという人など、さまざまな意見が出ます。そして、このような具体性の高いテーマ、裏返すと抽象度の低いテーマでは、全員の意見が一致して「唐揚げがベストである」というような結論にはほとんど至りません。それぞれが好きなトッピングを主張し、なぜそれが好きなのか意見をぶつけ合って、結局は「それぞれ好きなトッピングがある」ということを確認するだけの議論になってしまいます。

そこで大切になってくるのが、テーマの抽象度を上げた議論になります。

そもそも、「抽象」とは、具体的な事象から重要なエッセンスを取り出して、より包括的な内容として取り上げることです。例えば、ポチとジョンという犬がいたとします。この2匹を個別の名前で分けず共通点というエッセンスを取り出すならば、共に「犬」ということになります。さらに抽象度を高めていくと、共に「哺乳類」で、「動物」で、「生物」で……とより広いものを指す言葉に置き換えていくことができます。そして、抽象的になればなるほどエッセンスだけになりますから、言葉の持つ情報量は少なくなります。つまり、具体的な物事を一般化して理解したいときに利用するのが抽象的な事象であるともいえます。

さて、議論があるレベルで合意できないときは、話しているテーマを抽象化することで合意形成を目指します。**簡単な方法は、テーマ自体に「なぜ」を問いかけ、「そもそも論」を始めることです。**

例えば先ほどの「カレーのトッピングは何がベストか？」というテーマの抽象度を上げる場合、まずは「そもそも〝カレーのトッピングは何がベストか〟について、なぜ明らかにしたいのか？」と問えば議論の抽象度を上げることができます。この抽象度が上がった状態の議論で「毎日カレーを食べ続けるために有効なトッピングを明らかにしたい」という結論が出たうえで、もう一度元のレベルに降りると、「さっぱり食べるためにらっきょうがよい」という結論に至ることができます。

このように、抽象度を上げるというのは、合意形成を図るうえでとても重要なのです。

しかし、「そもそも論」を無条件にふっかけると「その〝そもそも論〟をなぜそもそもするのか」という議論になって、議論のための議論のための議論を延々とせねばならず、何も決められなくなります。ですから、「そもそも論」を行うためには、そのコミュニケーションを可能とする共通の土台、お互いに事前に合意ができている部分、価値を認めているものが必要です。

それが企業においては理念・ビジョンであったり、友人関係であれば、楽しい時間であったりします。

また、カレーの例に戻ります。そもそも私たちがカレーについての議論をしているのは、「カレーによる世界平和の実現」というビジョンを実現するためであるとした場合、抽象化の先にあるのは、常に「カレーと世界平和」となります。

例えば、「ケンカしたくなるカレーは何か？」というテーマは、世界平和というビジョンに反するので、「そもそも論」を繰り返すと「この議論自体に価値がない」ことが明らかとなるため成立しません。このビジョンのもとでは「デートに使えるカレー屋はどこだ？」「最高に笑顔になれるカレーはどこで食べられ

「そもそも論」が合意形成に必要

る?」などがテーマとしてはよいだろうと思います。

このように抽象化の先に変わることのない価値や共有している信念などがあると、より議論を整理して合意形成を取りやすくなります。

コミュニケーションには練習が必要不可欠

ここまで、コミュ力2・0の話し方について説明してきました。しかし、話し方は知識として身につけるだけでは不十分です。

話し方というのは、練習することにより短時間で大きく向上します。

私が担当するビジネスパーソンも、話し方のトレーニングを開始すると、多くの人はたった数回でそれまでのしゃべり方、言葉の使い方が一変します。

カリスマナンパ師と呼ばれるある人物によると、一流のナンパ師として女の子

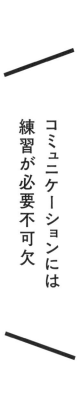

に声をかけられるようになるまでに何をしてきたかというと、日々リハーサルの繰り返しなのだそうです。

そのリハーサルとは、マネキンを置いて、マネキンに向かって「すみません、ちょっといいですか？」と足を止めてもらう練習から始めたということです。そこから、話をどうやって展開するのか、ちょっとした冗談の交え方など、ひたすら地道なリハーサルを繰り返します。その結果、本番のナンパでも女性に対して緊張せずに自信を持って流暢に話せるようになったのです。

スピーチやプレゼンテーションも、練習をせずに話せる人というのは、ほとんどいません。どんなに上手に見える人でも、始めは初心者で、当然下手なものです。そこから練習を繰り返すことで、次第に話せるようになっていきます。それと同じで、「話し方」もそれ以外のコミュニケーションも、基本的には練習が必須です。

営業であればセールストークのシミュレーション、メディアに出るのであれば、インタビュー対応のシュミレーション、プライベートでも、例えば飲み会での会話のシミュレーション、といった具合に、とにかくあらゆるコミュニケーションの場面を想定し、あらかじめ練習をしてください。

このとき、理想的には大きな声を出して、スマホなどで撮影しながら練習することをオススメします。声を出さずに脳の中でシミュレーションをしても十分意味はあります。しかし、当然ですが、**自分の姿を見ながら何度もトレーニングを重ねたほうが効果的**に決まっています。

トレーニングを撮影することで、自分の話している姿が自信なさげに見えたり、声が通っていなかったり、滑舌が悪かったりということがすぐにわかります。脳内では、自分で自分のことが少しイケているほうに補正されているのですが、撮影された動画を確認することで、本当の自分の姿が浮かび上がります。おそらく初めて見たときは残念な気持ちになるでしょう。しかし、それが相手に見えているあなたなのです。

本当の自分を見つめることで、的確に改善点も見つけることができます。そして、改善を繰り返しながら、話し方を磨いてもらいたいと思います。

最後の最後に必要なのは、あなたの勇気

コミュ力2・0の基本的な考え方と、そのトレーニング方法についてこれまで述べてきました。これを実践できれば、現代社会で価値を提供し、本書のテーマでもある「相手の心に響くコミュニケーション」を行うことができます。

そのためにも、最後の最後にもう一つだけアドバイスしたいのが勇気の問題です。

あなたの価値を世に問うのは、ものすごく勇気がいります。

特にこれまで「自分なんて」と控えめに振る舞ってきた人にとってはなおさら大変なことです。だから、この勇気を最大限に絞り出しやすくするための仕組みこそ、あなたの価値をつくることであり、服装や住まいを変えること、憧れの誰

かを真似することであったわけです。

それでもやはり、最後はあなたの心と身体で、あなたの価値を表現しなければなりません。

今までのコミュ力トレーニングと、話し方はあくまで準備です。

どんな準備も勇気がなければただの準備にすぎず、役に立たないのです。

最後の勇気については、孤独な問題で、他人からのアドバイスはあまり役に立ちません。**本当に、ただ勇気を持って実践する**、それだけなのです。

しかし、本書をここまで読み進めてきたあなたなら大丈夫。

必ずあなたが提案する価値は、相手に響きます。

どうか、勇気を持ってあなたの価値を、社会に思う存分表現してほしいと思います。

最後に必要なのはあなたの勇気

コラム
4
発声法や身振り手振りにこだわるべきか

あなたの価値を最大化する話し方に、正解はありません。当然、正しい発声法というものもありません。しかし、矛盾するようですが、コミュ力2・0的にいい声かどうかというのは、日本を代表するトップのリーダー層と会いまくっているとすぐわかるようになります。リーダー層の声と、そうでない人の声は、その質がまるで違います。声に芯があるという印象です。

それは発声法のせいではなく、主体的に生きているかどうか、自分で決断しながら人生を歩んでいるかどうかというところから来ているように感じます。

自分で主体的に考えて行動していない人が、どんなに大きくてよく通る声になったとしても、それは単に表面的に聞きやすい声になるだけです。肝心の聞き手の心に対して響く声にはなりません。

コミュ力の本質は発声練習にはありません。しかし、もちろんまったく影響がないわけでもありません。私の知る中には、発声練習をマメにするリーダーもいます。そういう人は声の影響力をよく知っているからこそ、ボイストレーニングによって影響力を少しでも向上させようとしているのです。

コミュ力2・0を身につけた人が発声を学ぶ場合、相乗効果がかなり期待できます。しかし、コミュ力2・0を持たない人が単に発声を学んでも、なかなかコミュ力の向上にはつながらないでしょう。

とはいえもちろん、声が極端に小さいとか、すごく内気な人には、大きな声を出すという行為そのものが、他者に対して聞きやすいというだけでなく、心理的にも楽になり、リラックスして相手と話すことができるという意味で、大きな意味があると思います。

あなたの目指すあなたを、丁寧に積み上げていく途中に、声や身振りや姿勢の問題があると思ってください。逆に言うと、その過程の中で、自然と憧れの人の話し方や身振り手振りを真似ることになります。それこそが、あなたの価値を高める、あなたにとっての正しい話し方なのです。

おわりに

コミュニケーションが信じられないほど難しい時代になりました。言葉によってただ議論しても、ほとんど絶望的にわかり合えません。メディアでは、まったく噛み合わずお互いを批判し、扇情的なアジテーションを行うだけの議論が繰り返されています。

これはもちろん、メディア上の話に留まりません。職場や学校、家庭の中でも、すべてこの構造が浸透していて、あまりにもコミュニケーションが困難なために、コミュニケーションから撤退してしまうということが日常的に繰り返されているように思います。これは、本当に恐ろしいことです。

この状況は、今後自然と改善されて、コミュニケーションのための共通の土台がもう一度構築されるということは、まずあり得ません。今後はますます社会の流動性が高まって、コミュニケーションを可能にするプラットフォームはもっともっと削られて、より自信がなく、より頑固なものとなっていきます。その結果、仕事の関係ではもちろん、夫婦や恋人、親子であったとしても、コミュニケーションはより困難になって、心理的に孤立感が強められ、さらにうまくいかなくなるでしょう。

そんな状況を打破するコミュニケーションの基礎技術は、自明の保守伝統的な価値観に頼ったものや、相手をコントロールするためのコミュニケーション手法だけでは不十分です。

自分の意志によって構築した再帰的な価値と信頼にならざるを得ません。

正しさやわかりやすさを競うこと、戯れて楽しく過ごすこと、これらのコミュニケーションスキルは前提として、価値と信頼をいかに構築し直すかが、これからのコミュニケーションスキルの基盤となっていくはずです。

コミュ力2・0は、「あなたが憧れるあなた」という価値を構築し、その価値を通してコミュニケーションを実現する方法を紹介したものです。このコミュニケーションに対する構えは、結果が出るまでに時間がかかるかもしれませんが、きっとこれからやってくる、より困難な時代に立ち向かっていくための大きなヒントになるはずです。

本書が、みなさんのコミュニケーションの問題の解決にほんの少しでも役立つのであれば、こんなに嬉しいことはありません。

本書を執筆するにあたって、株式会社ディスカヴァー・トゥエンティワン書籍編集部の関係各位、特に千葉正幸氏、担当の林拓馬氏には、大変お世話になりました。特に、私の緊急で入るスピーチライターとしての依頼に対してスケジュールを調整してくださったことには本当に感謝しきりです。また、味のあるイラストを描いてくださいました高柳浩太郎氏、素敵な表紙をデザインしてくださいました小口翔平氏にも感謝いたします。

最後に、本書で紹介している考え方やノウハウは、私のところに通ってくれるすばらしいクライアントとの議論に支えられています。この場を借りて、お礼を申し上げたいと思います。

2018年　5月
スピーチライター　蔭山洋介

なぜ、あなたの話は響かないのか
信頼と価値の時代のコミュ力2.0

発行日　2018年6月15日　第1刷

Author　薩山洋介

Illustrator　高柳浩太郎
Book Designer　小口翔平＋山之口正和＋喜來詩織(tobufune)

Publication　株式会社ディスカヴァー・トゥエンティワン
〒102-0093　東京都千代田区平河町2-16-1 平河町森タワー11F
TEL　03-3237-8321(代表)
FAX　03-3237-8323
http://www.d21.co.jp

Publisher　干場弓子
Editor　千葉正幸　林拓馬

Marketing Group
Staff　小田孝文　井筒浩　千葉潤子　飯田智樹　佐藤昌幸　谷口奈緒美
古矢薫　蛯原昇　安永智洋　鍋田匠伴　榊原僚　佐竹祐哉　廣内悠理
梅本翔太　田中姫菜　橋本莉奈　川島理　庄司知世　谷中卓　小木曽礼丈
越野志絵良　佐々木玲奈　高橋雛乃
Productive Group
Staff　藤田浩芳　原典宏　林秀樹　三谷祐一　大山聡子　大竹朝子　堀部直人
塔下太朗　松石悠　木下智尋　渡辺基志

E-Business Group
Staff　松原史与志　中澤泰宏　西川なつか　伊東佑真　牧野類　倉田華

Global & Public Relations Group
Staff　郭迪　田中亜紀　杉田彰子　奥田千晶　李瑋玲　連苑如

Operations & Accounting Group
Staff　山中麻吏　小関勝則　小田木もも　池田望　福永友紀

Assistant Staff　俵敬子　町田加奈子　丸山香織　小林里美　井澤徳子　藤井多穂子
藤井かおり　葛目美枝子　伊藤香　常徳すみ　鈴木洋子　石橋佐知子
伊藤由美　小川弘代　畑野衣見　井上竜之介　斎藤悠人　平井聡一郎
曽我部立樹

Proofreader　文字工房燦光
DTP　株式会社RUHIA
Printing　中央精版印刷株式会社

ISBN　978-4-7993-2255-0　